本質をつかみ深く考える力が身につく

自分に問うということ。

齋藤　孝

リベラル新書

はじめに

黙って深くじっくりと熟考することを意味する「沈思黙考《ちんしもっこう》」という言葉があります。

人は沈思黙考しているとき、無意識のうちに自分自身との対話をしています。自分ひとりで考えているように見えて、実は「もうひとりの自分」という〝相棒〟に相談を持ち掛け、ともに考えているわけです。

考えごとをしながら何やらブツブツとひとりごとを言う人がいますが、あれは相棒との対話が声に出ている状態とも言えるでしょう。

つまり、沈思黙考とは「自分自身に問いかける＝自問」でもあるということ。自問をすることで、より深く冷静に思考し、より的確な判断や選択が可能になるのです。

ただ近年、現代人は世代を問わず「あまり自問していない」ように思えます。それには社会情勢も関係していると考えられます。

インターネットやＡＩが深く生活に入り込んでいる現代社会では、自分からアクションを起こさなくても、タップひとつ、クリックひとつで、あらゆる情報が手に入ります。

疑問なことがあっても、スマホでササッと検索すれば、すぐに答えが出てきます。しかも瞬時に、それも大量に。

こうした便利かつ情報過多の世の中では、情報に向き合うことに多くの時間が割かれ、その分、自分と向き合う時間が削られがちになる。それゆえ「自問」の機会も少なくなっているということなのではないでしょうか。

これは、実は由々しき問題だと、私は考えています。

なぜなら自問が足りていないということは、それによってもたらされる「深い思考」も足りていないということ。自問の欠如は、思考の停止にもつながるのです。

思考が停止するとどうなるか。例えば、言われたことしかやらない、自分なりの工夫をしない、新しいことを生み出そうとしない――。つまり、思考が停止すると「人としての進化」も止まってしまうのです。

また、勢いでSNSに不用意な投稿をする、ネット情報を鵜呑みにするといった「軽挙妄動《けいきょもうどう》（深く考えずに軽はずみな行動をすること）」を生むリスクもはらんでいます。

しかし、そこで「自分は何をすべきだろう？」「もっと改善できないか？」「この内容で投稿して大丈夫か？」「この情報、信用できるのか？」といった自問ができれば、思考は止まらず、そこから先へ先へ、深く、広く展開していきます。

思考が深まれば、人としての成長や進化にもつながり、軽挙妄動も「熟慮断行《じゅくりょだんこう》（十分に考えて行動すること）」へと変わるでしょう。

『論語』のなかにはこんな一節があります。

「子曰、不曰如之何、如之何者、吾末如之何也已矣」
(子曰《いわ》く之《こ》れを如何《いかん》せん、之《こ》れを如何《いかん》せんと曰《い》はざる者は、吾《われ》之《こ》れを如何《いかん》ともすることなきのみ)

意味するところは、「どうしたらいいだろう、どうしたらいいだろうと自らに問いかけない人には、私も何もしてあげることはできない」です。

孔子もまた、「之れを如何せん、之れを如何せん」と何度も繰り返して自問し、自分で深く考えることが大事だと説いているのです。

本書では、思考を深め、軽挙を慎むための自問の重要さについてまとめています。自分のなかの「もうひとりの自分」という頼れる相棒との対話の重要さを、今一度、認識していただければと思います。

なんとなくぼんやりと一人で考えごとをすることはだれにでもあります。これは、特別な思考の技術ではありません。

本書で提案する「自問する力」は、意識し、練習して身につける思考のワザです。「ぼんやり考えごとをする」のとは対照的に、自らに対して問いを立て、深く考えるのが「自問する力」です。

「本質的かつ具体的」に考えるために、自問力を習慣化することを本書では目ざしています。

「自分は普段から自分に問いかけているだろうか？」

まずは、そう自問することから始めてみてください。

齋藤　孝

本質をつかみ深く考える力が身につく　自分に問うということ。／目次

はじめに……3

第1章　「自問する力」とは何か？

人は誰でも「自問」しながら生きている……18
「自ら問う習慣」が自らを成長させる――自問は成長の糧……20
宮本武蔵が求めた「吟味・工夫・鍛錬」という自問……24
ポジティブに問うか、ネガティブに問うか……27

自分に問いかけ、自分を疑って、自分をアップデートする……30
自問力は現代社会を生きる力——実用的な自問がもたらす3つの効用……34

第2章　自問力とは「自考力」——深い思考は自分との対話から

自問から始まる「思考のフォーム」が自考力の土台……42
なぜ○○なのだろう？——本質を問う「深い思考」を習慣にする……45
なぜだろう？×5回——世界のトヨタが実践する問題解決手段とは……49
クリエイティビティの根源は「自問」にあり……52
ほかの選択肢はないのか？——問題解決力としての自問……55

イノベーションは「当事者意識を持った自問」から生まれる……59
自分は何をすべきなのか？――求められている役割を自問する……63
「できたらいいこと」って何だろう？――「願望の自問」がクリエイティブの根っこ……66
何のために○○なのか？――目的を言語化して行動の方向性を認識する……69
こうしたら、こうなるんじゃないか？――「仮説の自問」で問題解決に挑む……73
もしも○○だったら、どうなるだろう？　――仮定ベースの思考で発想を広げる……77
もしも○○になったら、どうするか？　――先読み思考とリスクマネジメント……80
ビジネスの決断力を支える自問力……84
ＡＩ時代にこそ「自問力」が求められる理由……87
ＡＩとの対話が「自分を知る機会」になる……90

目次

求められるのは「現状への問いを立てる力」……94

第3章　自問力とは「自制力」――なぜ軽はずみな言動をしてしまうのか？

なぜSNSでの炎上トラブルが絶えないのか？……100
このまま投稿しても大丈夫だろうか？――「自問」というブレーキを踏む……103
これを投稿したら問題になるかもしれない――SNSの安全運転意識……105
これで本当に間違っていないだろうか？――事前に「正誤」を自問する……108
本当の本当に、これで大丈夫だろうか？――自問は「し過ぎ」でちょうどいい……113
「余計なこと」を言ってはいないか？――言葉の後悔、先に立たず……115

自問という「フィルター」ひとつでコミュニケーションは楽になる……118
自問フィルターでろ過して、言葉の〝カド〟を取り除く……122
このとき、自分は冷静だっただろうか?――「寝かせる時間」の重要さ……125
速さ(スピード)と慎重さ(自問)は両立できる?……129
これは信用できる正しい情報なのか?――ネットリテラシーという自問……131
この情報に根拠はあるのか?――ネット情報は「まず疑う」「裏を取る」……134
もし自分ならどう感じるだろう?――自問と想像力がもたらす当事者意識……139

第4章 自問力とは「自整力」——自分の心と体を整える

自分の「体に問う」という自問……146
体に問いかけ、体が発するＳＯＳを察知する……148
遺伝子レベルで自問して、自分のストロングポイントを認識する……152
自分の感情を「身体感覚」に置き換えて明確化する「フォーカシング」……157
「上虚下実」を体に問うことで、自然体を手に入れる……160
軽ジャンプと深呼吸で自分を自然体へと誘導する……164
成功者は「自分と向き合う時間」を確保している……166

第5章　「自問する力」を伸ばす ―― 自問のワザ化と習慣化

自分への問いは「メタ認知＝自己観察」から始まる……172
心のなかに「リトル自分」を持ち、常に問いかける……175
鏡のなかの「自分」に問いかける……177
「もの言わぬ何か」に話しかける……180
仏壇は古来からの「自問装置」……183
「紙に書き出す」ことで自問のハードルを下げる……187
ネガティブ感情も、書いて可視化して自問する……189
「無心に書き写す時間」がもたらす自分との対話……192

目次

本を読むという自問——他人の作品と自分をリンクさせる……195
歌詞の世界に浸ることも、自問のきっかけになる……198
「おや?」の感覚を自問する——違和感センサーを研ぎ澄ます……201
「違和感からの自問」でハラスメントを抑止する……206
バイアス(思い込み)による弊害は、自問で振り払う……209

おわりに……214

第1章

「自問する力」とは何か?

人は誰でも「自問」しながら生きている

自問とは読んで字のごとく「自らに問いかけること」です。さらに「自らに問いかけた問いに、自ら答えを出すこと」は自問自答になります。

私たちは無意識のうちに脳内で簡単な「自問」と「自答」を繰り返しています。

例えばある日の昼休み、

「今日のランチ、何食べようかな？」

「昨日は何を食べたんだっけ？」

「そうだ、〇〇庵の天ぷらそばだった」

「二日連続でそばっていうのも芸がないんじゃないか？」

「だよな。じゃあ、今日は△△でオムライスにするか」

実は、頭のなかでこんな〝ひとり問答〟が繰り広げられています。

人は何かを選択するとき、決断するとき、行動を起こすとき、特別な自覚はなくてもふんわりと「自分への問いかけ」を行っているのです。人は1日に2万回以上、こうした脳内問答を行っているとも言われています。

当然、問いが変われば、導き出される答え（結果）も変わってきます。

もし「二日連続でそばっていうのも芸がないんじゃないか？」という問いが「時間がないから、ざるそばでいいんじゃないか？」だったら、オムライスという選択にはならなかったでしょう。

私たちが日々取っている選択や行動は、その瞬間瞬間の「自問自答」「自分との対話」によって決まってくるのです。

「自ら問う習慣」が自らを成長させる——自問は成長の糧

「自らに問いかける」とは、自己理解（自分を知ること）であり、自省（自分を省みること）でもあります。そして、それは自己成長を促す力でもあるのです。

自分は何をしたいのか。何をしているのか。どうなりたいのか。
自分がすべきことは何か。すべきことができているか。
自分が求められていることは何か。それに応えられているか。

こうした自問を繰り返すことが、自分を成長させる力となっていきます。

例えば、みなさんよくご存じの「初心忘るべからず」という言葉があります。
室町時代の能楽師として名高い世阿弥の言葉で、現代では「ものごとに慣れてくると慢心しがちだが、最初のころの新鮮で謙虚な気持ちや志を忘れてはいけない」という意味で使われることが多いかと思います。

しかし、実は真の意味は異なります。世阿弥が言う初心とは「最初の頃の志」ではなく、「最初の頃の芸の未熟さ」「初心者の頃のみっともなさ」を指しているのです。

世阿弥の著書『花鏡《かきょう》』を紐解くと「初心忘るべからず」は、

是非《ぜひ》の初心忘るべからず。
時々《じじ》の初心忘るべからず。
老後の初心忘るべからず。

という３つの文で語られています。

「是非の初心忘るべからず」は自分の芸がうまくいったにせよ悪かったにせよ、「未熟だったときの芸を忘れてはいけない」ということ。

「時々の初心忘るべからず」は「芸が上達しても、何か新しい芸に挑もうとするときの自分は初心者であり未熟だということを忘れてはいけない」ということ。

「老後の初心忘るべからず」は「年齢を重ねても慢心せず、初めての芸に挑むときは自分が初心者であるという気持ちを忘れてはいけない」ということ。

「初心忘るべからず」とは、「自分の未熟さを忘れるな」そして「常に『自分は今も未熟なのだ』と自分に言い聞かせよ」という意味なのです。

初心は一生続くということを人はどうしても忘れがちです。だからこそ、常に初心、すなわち自分が未熟だった頃のことを思い返す。それも「自らへの問いかけ」であり「自分自身との対話」と言えるでしょう。

　また世阿弥は、同じ『花鏡』に「離見《りけん》の見《けん》」という言葉も残しています。「離見」とは「自分から離れたところ＝客席からの視点」であり、「離見の見」とは「役者が、観客の立場になって自分を見る」ということ。

　世阿弥は「観客から自分がどう見えているかを意識して演じなさい」「観客の目に自分はどう映っているのか。自分は本当に美しく舞えているのか。常に自分を客観視し、自問しなさい」と説いているのです。

　自らへの問いかけを尽くすことが謙虚さを育て、自らの成長も促す。残された数々の言葉からも、世阿弥が「自問力に優れた人」だったことがうかがい知れます。

宮本武蔵が求めた「吟味・工夫・鍛錬」という自問

佐々木小次郎との巌流島での戦いで有名な剣豪・宮本武蔵もまた、「自らに問うこと」の大切さを知っていた人のひとりでしょう。

武蔵が自らの兵法や剣術の奥義をまとめた『五輪書《ごりんのしょ》』には、「能々《よくよく》吟味すべし」「能々工夫すべし」「能々鍛錬すべし」という言葉が、至るところに繰り返し出てきます。

「吟味すべし」とは、

「教えられたことをただ漫然とやるのではなく『もっといい方法はないか』『どうすれば上手くいくのか』などをしっかりと吟味し（考え）自分で試しなさい」

「工夫すべし」とは、

「教えを模倣するときも、ただ真似るのではなく、自分のアイデアを取り入れて、自分に合うようにアレンジしなさい」

「鍛錬すべし」とは、

「自分のものとして使いこなせるようになるまで、何度も何度も練習を重ねなさい」

という教えのこと。

「吟味、工夫、鍛錬」という3つの心構えは、『五輪書』全体の中心を貫く〝軸〟となるマインドセットとなっています。

そして、これらすべての教えには「自らに問う力＝自問力」が求められるのです。

『五輪書』は剣の道について書かれたもの。そこに想定されているのは真剣による勝負であり、「負ければ死」という命を懸けた勝負です。

そうした修羅場を生き抜くための奥義は、「漫然と学ぶだけ」でも、「真似るだけ」

でも、「頭で理解するだけ」でも身に付きません。

そこには「教えてもらう」という受け身の姿勢ではなく、能動的に「自分で考え、自分で工夫し、自分で体に叩き込む」という姿勢が不可欠です。

型や技法を教えることはできても、それを「いかにして自分のものにできるか」は、結局のところ、学ぶ側の個々人の「姿勢」に委ねるしかない。

「自分が強くなるためには、この教えをどう活かせばいいのか」

「この教えを極めるにはどうすればいいのか」

各々が自らにそう問いかけて心技を磨くしかない。それをわかっているからこそ、武蔵は読むものに3つの心構えを課したのです。

「吟味、工夫、鍛錬」――。武蔵が〝口を酸っぱくして〟求めたこれらの心得は、剣の道だけでなく、現代のビジネスや勉強、スポーツなどにおいても不可欠となる「学びの兵法」であり、「自問の奥義」と言えるのではないでしょうか。

ポジティブに問うか、ネガティブに問うか

水が半分まで入っているコップを見たときに、「もう半分も入っている」と思うか、それとも「まだ半分しか入っていない」と思うか——。

これは経営学者Ｐ・Ｆ・ドラッカー氏が説いた「コップの水理論」です。

「もう半分も入っている」なら「あと半分しか入らない」というネガティブ思考。「まだ半分しか入っていない」なら「あと半分も入る」というポジティブ思考。同じコップの水を見たとき、そこにものごとの捉え方の違いが現れるというわけです。

「コップに『半分入っている』と『半分空である』とは、量的には同じである。だが、

意味はまったく違う。とるべき行動も違う。世の中の認識が『半分入っている』から『半分空である』に変わるとき、イノベーションの機会が生まれる」

（『イノベーションと企業家精神』P・F・ドラッカー／ダイヤモンド社）

ものごとの捉え方が変われば取るべき行動が変わり、その先にある結果も未来の状況も大きく変わってくると、ドラッカーは語っています。

問いかけ方が違えば、行動も違ってくるという意味では、自分への問いかけも、この「コップの水理論」に通じるものがあると、私は考えています。

例えば、仕事で大きな壁にぶつかってしまったとしましょう。そのとき、

「こんな大問題、クリアできるわけないよな？」

とネガティブな自問をしてしまうと、多くの場合、引き出されるのは「さすがにもう無理でしょ。あきらめよう」という結果になりがちです。でもそこで、

「この壁を乗り越えるにはどうすればいいんだろう？　何か方法はないのか？」

と問いかけたらどうでしょう。そこからは、「まだ何か解決法はあるはず。できるかぎり手を尽くしてみよう」という発想と行動が生まれてくる可能性があります。「○○だからムリなんじゃないか？」なのか、「どうすればできるか？」なのか。まさにそれは、コップに「もう半分」か「まだ半分」か、とまったく同じ捉え方の違いと言えるでしょう。「できない理由」を考えるか、「できる方法」を考えるかの違いでもあります。

「壁にぶつかる」という同じ事態に直面しても、そこでどう自問するかによって、そ

の後の状況は180度違ってきます。

ポジティブな自問ができれば、今やるべきことにチャレンジしようというポジティブな発想が出てきます。そこにはより深い思考や前向きな行動が生まれてきます。そうすれば新たな解決策やアイデアが出てくる可能性も大きくなるでしょう。

一方、ネガティブな自問は、結局、ネガティブな発想しかもたらしません。すると思考も行動もそこで停止して、可能性の芽も摘まれてしまいます。

だからこそ、自問の仕方が大事なのです。

自分自身に「どう問うか」。自問力とは「自分をポジティブに導く問いかけをする力」でもあります。

自分に問いかけ、自分を疑って、自分をアップデートする

「自分の選択は間違ってはいないだろうか？」

「本当にこれでいいのだろうか？」
「何かを見落としてはいないだろうか？」
「この判断は時代に合っているのだろうか？」
「本当にとことん考えたのか？」

自問とは、自分自身を疑うことでもあります。自分が考える「正しい」「大丈夫」「問題ない」という選択や判断を疑ってみる。そこに「問い」が生まれるのです。

自分を疑うことで、自分では気づいていない思考の間違いや偏りなどへの気づきと、それを正す機会が生まれます。また、自分を疑うことは自分が持っている知識や価値観、時代感などへの気づきを促すことにもなるでしょう。

逆に自分を疑うことをしないと、もし間違いがあっても気づけない。気づいても正当化したり、言い訳したりしてしまいがちです。

それでは修正できるタイミングも逸してしまうし、〝次の一手〟以降に大きな問題が発生してしまうことも十分にあり得ます。

自分を疑うという言い方をすると、「自己否定」のようなネガティブな印象を抱く人がいるかもしれません。

しかし、ここで私が言う「自分を疑う」とは、自分への問いかけを引き出すための「思考の仕掛け」のようなもの。ときには否定という形になることもありますが、あくまでも意図的に行う自分自身への〝指さし確認〟であり、むしろポジティブな行為なのです。

辻村深月さんの小説に、婚活から始まる恋愛サスペンスで映画化もされた『傲慢と善良』という作品があります。

このなかで、主人公の女性が登録した結婚相談所のカウンセラーが「婚活につきまとう『ピンとこない』の正体」について語る場面が出てきます。

カウンセラー曰く「ピンとこないの正体は、その人が自分につけている値段」なのだと。

相談所の登録者の多くは、口では謙虚なことを言いながら、自分にはけっこうな高値をつけている（自己評価がかなり高い）。だから、自分よりも安価に見える相手に対して「ピンとこない」となるのだと。

なるほどと思いました。

そういう人は、たいてい自分を高く見積もり過ぎているもの。自分の根を釣り上げてしまったものだから、求める相手にもそれに釣り合う高スペックを求める。でも、そう簡単に出会えるはずもなく、「ピンとこない」が続いていく――ということなのでしょう。

思うに、そこで「自分は本当にそんなに高スペックなのか？」「自分を過大評価してはいないか？」「自分を棚に上げてはいないか？」と自分を疑う自問ができれば、少なくとも、その人の状況は変わってくるのでしょう。

それは「自分は本当はダメな人間なんだ」という自己否定ではなく、自己評価を「現実に見合ったもの」に矯正するための、前向きな指さし確認になるのです。

「前向きに自分を疑う」ことは、自分のなかの〝バグ〟を発見して修正していくアップデートのようなもの。自問は、自分のスペックを高めることにもつながるのです。

自問力は現代社会を生きる力
――実用的な自問がもたらす3つの効用

自問という行為は、目的によって大きく2つに大別できます。

ひとつは「哲学的・倫理的な自問」です。

「人はなぜ存在するのか」「なぜ生まれてきたのか」

「人はどう生きるべきなのか」「正しい行いとはどういうものなのか」


といった答えが出ない、どこまでも問い続けられる自問のこと。

そもそも哲学とは「存在とは何か」「認識とは何か」「人間としてどう生きるか」という根源的な問いを考え続ける学問であり、結論を出すことよりも、問い方や考え方のプロセスが重視されます。つまり「問い続けること、考え続けることをやめない」のが哲学のルールなのです。

古代ギリシアの哲学者ソクラテスに始まる問答法には、終わりや正解はありません。「正義とは何か？」という問いにしても、誰もが納得する答えはありません。むしろそうした答えを出す必要がない。だから際限なく、延々と、いくらでも問いが続いていく。

数学や自然科学と違ってスッキリ明確な「正解」が出ないのが哲学であり、それが哲学という学問のよさでもあるのです。

そしてもうひとつが、本書のテーマでもある「実用的な自問」です。例えば、

自分の行動の目的や理由を明確にするための自問。
正しい選択や判断、決断をするための自問。
別の選択肢や、新たな可能性を探すための自問。
自分の思考の不足や誤り、偏りなどに気づくための自問——。

答えの出ない深遠な問題を追求し続ける哲学的な問いとは異なり、「自分の行動を見極め、検証し、前向きな行動に導くため」の、答えを求める自問と言えるでしょう。

この実用的な自問は、

①自考力としての自問
②自制力としての自問
③自整力としての自問

という現代社会を生きる上で不可欠な〝3つの側面〟を持っています。

①自考力としての自問

自考力とは、文字どおり「自分で考える力」のこと。自分への問いを立てるという行為は、そのまま「自分の頭で考える」ことに直結しているのです。

直面した課題について常に自問する習慣は、より深く、より幅広く、よりクリエイティブな思考を促進します。そしてそれが目的意識や当事者意識、問題解決力といった社会的スキルの向上にもつながっていきます。

②自制力としての自問

いとも簡単に情報を拡散できる反面、いとも簡単にトラブルに発展してしまう。そんな「便利とリスクが背中合わせ」のSNS時代に不可欠なのが自制する力です。「これ、送っても平気？」という自問のブレーキをかける習慣が、SNS上での事故を防ぐセーフティーネットになるのです。

③自整力としての自問

自整力とは、これも文字どおり「自分を整える力」です。つまり、体と心を整えて自分らしく生きるために自問するということ。自分と向き合うための自問と言ってもいいかもしれません。

次章以降は、これら3つの側面から「自問することの重要さ」について書き述べていきたいと思います。

第2章

自問力とは「自考力」

——深い思考は自分との対話から

自問から始まる「思考のフォーム」が自考力の土台

本書の冒頭（はじめに）では、「自問の欠如は思考の停止につながる」と申し上げました。また、1章では「自分への問いを立てることは、自分の頭で考えることに直結する」という旨の話もしました。

ただ、自問は「すればいい」ものではありません。自問しただけでは「自分はそう思った」でおしまい。そこから先は思考が停止してしまいます。「自問」を深い思考に導くためには、何よりも「自問してからどうするか」が重要なのです。

と言っても、決して難しいことではありません。なぜなら、そこには自考力をつけるための「自問から始まる思考のフォーム（型）」があるからです。

4つのプロセスで構成されるフォームは、誰でも、どんな問題に対しても使えて、思考力も劇的にアップする非常にシンプルな思考法です。

その具体的なプロセスは、

STEP①　まず、問題について自分なりに「自問」する

問題や課題に対して「なぜそうなったのだろう？」「どんな解決策があるだろう？」「自分は何ができるだろう？」などと自問します。また、「自分はどう思ったか」「どう感じたか」といった自分の感情や印象などもチェックします。

STEP②　自分の考えや解釈とは異なる視点で見てみる

このステップは「ほかの人ならどう考えるだろうか？」「ほかにはどんな見方があるだろうか？」といった自問から始まります。

問題に対する自分の考えや解釈、思ったことや感じたことなどを、異なる立場や違った視点などから多角的に検証してみます。自分の考えに固執せず、異なる考え方にも目を向けてみるということです。

STEP③　もう一度、自分の考えを見直し、検証する

異なる視点から見たあとで、自分の考えをもう一度見直してみます。このステップの土台にも「自分の考えはあっているのだろうか？」という自問があります。

問題の全体像を再確認できるだけでなく、主観的な考え方ゆえの思い込みや偏りなどに気づくきっかけにもなります。

STEP④　その問題の本質を考える

①〜③のステップを踏まえ、「本当は何がいちばんの問題なのか？」を自問して、問題の本質（表面的ではない核心部分）を考えてみます。

自問し、自問して検証し、さらに自問し直すことで本質へと思考を向けていく――。

自問して深い思考を導き出すこのプロセスこそ、「自分で考える力（自考力）」の本質ではないかと私は考えています。

なぜ○○なのだろう？
――本質を問う「深い思考」を習慣にする

「経営の神様」と呼ばれた松下幸之助さんは「なぜ？」が口癖だったそうです。

日に新たであるためには、いつも「なぜ」と問わねばならぬ。そしてその答を、自分でも考え、また他にも教えを求める。素直で私心なく、熱心で一生懸命ならば、「なぜ」と問うタネは随処にある。それを見失って、きょうはきのうの如く、あすもきょうの如く、十年一日の如き形式に堕したとき、その人の進歩はとまる。社会の進歩もとまる。繁栄は「なぜ」と問うところから生まれてくるのである。

（『道をひらく』ＰＨＰ研究所）

そして、常に「なぜ？」と自分に問うことの重要さを説きました。

「なぜ、自分はここにいるのだろうか」
「なぜ、自分はこの仕事を選んだのだろうか」
「なぜ、この問題が起きたのだろうか」
「なぜ、この事態が防げなかったのだろうか」

なぜ、なぜ、なぜ――。こうした自問を繰り返すことで人も、社会も進歩するのだと。

「なぜだろう？」「どうしてだろう？」と疑問を持つことが重要なのは、それが「根拠を追求し、論理的に思考する」ための第一歩となるからです。

まずは身近な日常生活のなかにある素朴な疑問を探して、「なぜだろう？」と自問

し、その理由を考えてみてください。例えば、

「なぜ、このお店は最近になって繁盛し始めたのだろう？」
↓「味が変わった？」「他店が撤退してひとり勝ち？」「ＳＮＳで紹介された？」
「なぜ、この道は朝のラッシュ時だけ渋滞するのだろう？」
↓「この先の交差点、右折専用レーンがないから、そこで詰まっちゃうんだろうな」
「なぜ、こんなに野菜の値段が高いのだろう？」
↓「去年の異常気象で収穫量が激減したんだろう」「生産コストも上がってるのかも」

何でも構いません。頭のなかで自問して、頭のなかで理由を考えるだけなので、「いい大人がこんなことに疑問を持つのは恥ずかしい」などと思う必要はありません。

人が成長するのは答えを得たときではなく、「問い（疑問）」を持ったときなのです。

ドイツの理論物理学者、アルベルト・アインシュタインも、

「大切なのは、疑問を持ち続けることだ。神聖な好奇心を失ってはならない」

「大切なのは、自問自答し続けることである」

という言葉を残しています。

ただ、ここで、

「まあ、何か理由があるんだろう。知らんけど」

「別に、どうでもいいか。直接関係ないし」

などと好奇心を萎ませ、その先の思考を放棄してしまっては意味がありません。

疑問を持って自問自答し続けるとは「深く考え続ける」ことに他なりません。大事なのは、常に「疑問を覚える好奇心」を持ち、常に「理由を考える思考力」を働かせること。この両方を習慣にすることにあります。

２００６年、経済産業省は職場や地域社会で多様な人々と仕事をしていくために必要な基礎的な力として「社会人基礎力」という概念を提唱しました。社会人基礎力を構成する能力のひとつに挙げられているのが「考え抜く力」です。

「考え抜く力（シンキング）」とは、すなわち「疑問を持ち、その疑問に対して論理的に考え、解決方法を導き出す力」のこと。

課題を見つけ出し、自律的に考え抜いて解決に向けた本質となる最適解を探す。この繰り返しが、社会人に不可欠な「自分の力で深く思考する力＝自考力」を高めることにつながるのです。

なぜだろう？×5回
――世界のトヨタが実践する問題解決手段とは

問題の真因を突き詰めて原因究明や解決に役立てるために「なぜ」という問いかけ

を重要視しているのが、世界的な自動車メーカーであるトヨタ自動車です。

トヨタ自動車が独自に開発した生産管理システム（トヨタ生産方式と呼ばれています）で問題解決の手段のひとつとして運用されているのが、「なぜなぜ分析」というフレームワークです。

なぜなぜ分析とは、文字どおり「なぜこの問題が起きたのか」という問いを何度も繰り返すことで、問題の真の原因を探る思考法のこと。

例えば、「仕事の納期に遅れが出てしまった」という問題の原因を、「なぜ」で突き詰めていくとします。

なぜ① なぜ、納期に遅れたのか？ ↓納期の設定に無理があった。
なぜ② なぜ、無理だったのか？ ↓複数の別案件が立て込んでいたから。
なぜ③ なぜ、複数案件が重なったのか？ ↓部内の調整が上手く取れなかったから。
なぜ④ なぜ、部内連絡が滞ったのか？ ↓スケジュール共有に不備があったから。

なぜ⑤　なぜ、共有できなかったのか？　↓部内の意識徹底が足りなかった。

こうした「なぜなぜ分析」をすることで、「まず、部内でスケジュール共有の意識を徹底する」という解決策にたどり着くことができるでしょう。

ほかにも、「ミーティングに遅刻した」という失態の原因と解決策の究明でも、

なぜ①　なぜ、遅刻したのか？　↓いつも乗る電車に間に合わなかった。
なぜ②　なぜ、間に合わなかったのか？　↓朝、寝坊して起きられなかった。
なぜ③　なぜ、寝坊したのか？　↓スマホのアラームを設定し忘れた。
なぜ④　なぜ、設定し忘れたのか？　↓前の夜、お酒を飲み過ぎてしまった。
なぜ⑤　なぜ、飲み過ぎたのか？　↓最近、仕事上の悩みがあって酒量が増えている。

ここまで掘り下げれば、遅刻の真因は「今抱えている仕事の悩み」に起因しており、

根本的な解決策は「まず、その悩みを解消すること」と考えることができるわけです。

ここで言う「5回」というのはあくまでも例えであって、絶対に5回でなければいけないということではありません。3回で原因が究明できることもあれば、5回でもわからないこともあります。

重要なのは、根本的な原因にたどり着くまで何度でも「なぜ」の自問を繰り返して、事態を徹底的に掘り下げていくこと。この繰り返しの意識が「本質を求めて深く問い、深く考える」習慣の土台になるのです。

クリエイティビティの根源は「自問」にあり

世の中の創造的な行為は、そのほとんどが「問う」ことから始まっています。

「1足す1は、本当に2なのだろうか」——。そう自問したのは発明王として名高いトーマス・エジソンです。

彼が小学校の授業で「1＋1＝2」と教わったとき、ほかの子どもたちが納得するなか、ひとりだけ「どうして？」と質問したそうです。

「1つの粘土と1つの粘土をいっしょにしたら、大きな1つの粘土のかたまりになる。だから『1足す1は1』だよ」と。

「みんな納得してるけど、本当は違うんじゃないか？」

「先生も当たり前のように言っているけど、本当にそうなのかな？」

誰もが当たり前だと思う事実であっても頭から肯定せずに「なぜ？」と疑う。幼少期のこの独創的思考こそが、彼を偉大な発明家たらしめた資質だったのではないでしょうか。

例えば「三角形の内角の和は180度」というのは、学校で教わって誰もが知っている当たり前のことでしょう。ところが、平面ではなく球面（球体）に三角形を描くと、内角の和は180度より少し大きくなる。これが非ユークリッド幾何学の基本と言われています。

それまで平面上で考えられてきたもの（ユークリッド幾何学）を覆した非ユークリッド幾何学の登場も、

「本当にこれまでの理論が正しいのだろうか？」

「この考え方ですべての状況に説明がつくのだろうか？」

といった問いから始まっていると考えられます。

「なぜだろう？」「本当に正解なのか？」「違う方法もあるんじゃないか？」——。

クリエイティブであることの原点は、既存の常識や世の中の当たり前、周知の事実などに対して、まず「疑う」こと、常に疑問を提示することにあります。

「問い」なくして、進歩も発展もなし。まさに、自問、疑問は創造の母なり、なのです。

ほかの選択肢はないのか？——問題解決力としての自問

自問力とは、クリエイティビティの原点であると同時に、「自ら問題提起し、深く思考して解決方法を導き出す能力」「問題解決の基本スキル」という側面もあります。

事の大小にかかわらず、ビジネスでもプライベートでも、私たちは日々さまざまな問題に直面しています。発生した問題に向き合い、それを解決し、乗り越えて前に進んでいくために不可欠なのが「自問する力」なのです。

問題を解決に導くための基本となる自問が、

「ほかに方法はないのだろうか」「Ａでないのなら、何がいいのか？」

という「オルタナティブ（別の選択肢、代替案）を考える」問いかけです。

だいぶ前のことですが、ある書籍の企画を出版社に持ち掛けたことがあります。サンプル原稿も作成し、『日本語暗唱テキスト』というタイトルも考えて提案しました。先方にも気に入っていただき、「ぜひやりましょう」とトントン拍子で出版が決まったのですが、制作途中である問題が発生しました。

担当編集者から「タイトルを再考したい」という連絡が入ったのです。私としてはシンプルでわかりやすくていいかなと考えていたのですが、「もう少し考えたい」と。

そして、しばらくして送られてきたのが、『声に出して読みたい日本語』でした。私も「すごくいい。これでいきましょう」と即決。このタイトルで発売したところ、累計260万部を超えるベストセラーになり、私の代表作にもなったのです。

もし、あのまま『日本語暗唱テキスト』というタイトルで出していたら、ここまで売れなかったに違いありません。

担当編集者がギリギリまで「このタイトルのままでいいのか？」「ほかにインパクトのあるタイトルはないか？」と粘り強く自問し、いくつも代替案を出して検討してくださったおかげで、大ヒット作になったのです。その編集者の方には今も感謝しています。

書籍のタイトルと言えばもうひとつ。これもかなり昔ですが、いじめが社会問題になっているなか、小学生向けに「いじめに似たことをしてくる友だちなんていなくていい」というメッセージを込めた本を出すことになりました。

タイトルは、ズバリ『友だちなんていなくていいじゃないか』。インパクトもあるし、これで決めようと思っていたのですが、それでも一応、小学生に聞いてみました。ところが「それでも友だちは必要だよ」と言われたんです。やはり「友だちなんていなくていい」と言い切るのは言い過ぎだったと気づきました。

ではどうするか。

「Aが違うのなら、何がいいのか？」「Bのほうがいいか？」

「Bもしっくりこないなら C はどうだ？」

いくつものオルタナティブ（代替案）が浮かんでは消えを繰り返し、最終的には『そんな友だちなら、いなくていいじゃないか！』に決まりました。手前味噌ですが、いいタイトルになったと思っています。

結果的には「そんな」のひと言を足しただけですが、その最適解は幾度となく繰り返した自問と思考の賜物だと自画自賛しています。


会議や打ち合わせの場では「否定や反対をするなら代案を出せ」と言われます。それは自分への問いかけでも同じこと。

「これでいいのか？　これではダメじゃないのか？」と自問したら、セットで「もっといい別の選択肢」という代替案を考える。さらには代替案の代案や、その代案まで考える。

クリエイティブなアウトプットができる人の頭のなかには、常にこの「もっと」「ほかに」があります。それがより深い思考をもたらし、問題の解決につながっていくのです。

イノベーションは「当事者意識を持った自問」から生まれる

想像力を働かせることも、問題解決のための自問による思考のひとつです。

例えば、商品の企画・開発のようなクリエイティブな仕事には想像力系の自問の習慣が欠かせません。

「〇〇するときに、こういうものがあるといいな」

「こんなことができたら、今より何倍も便利になるだろうな」

といった「必要や願望」を出発点にして自問を深めることから、革新的な発想や画期的なアイデアが生まれてくるのです。

私は最近、大学の授業や社会人向けの講演イベントなどでよくこんな話をします。

水道インフラが十分に整備されていないアフリカ、とくにサハラ以南のアフリカ諸国に暮らす人々にとって、水汲みは生活に欠かせない非常に重要な作業です。

1日に何度も、何キロも先の水場まで水を汲みに行く。多くの場合、この水汲みは子どもたちの仕事になっています。

水を満たした重たい容器を抱え、たとえ炎天下であっても何時間も歩いて運ぶ。なかには1日に8時間以上を水汲みだけに費やしている子どももいるといいます。

そんなアフリカの子どもたちの過酷な状況を何とか改善できないか。そう自問して、この問題の解決に挑んだのが、南アフリカの建築家のハンス・ヘンドリクスです――。

ここまで話したところで、ひとつ質問します。

「彼はある道具を発明したことで、５時間かかっていた水汲みが1時間で済むようになりました。それはどんな道具だと思いますか？」

そして学生や講演の参加者に、４人１組になって話し合ってもらうのです。

先に正解をお教えしましょう。

実際にヘンドリクスが発明したのは、真ん中にロープを通して引っ張って転がしながら、一度に50リットルの水を運ぶ「Qドラム」という運搬容器でした。非常にシンプルな道具ですが、これによって、本当に5時間かかっていた水汲みが４時間も短縮されたのです。

授業や講演会でのワークでも、８割方のグループが「転がす」までは思いつきます。

しかし、「ロープで引っ張って転がす」という正解にはなかなかたどり着けません。

実際にそれまで何十年もの間、アフリカにそうした道具が提供されることはありませんでした。誰もそこまで考えが及ばなかったわけです。

では、なぜヘンドリクスは「Qドラム」という画期的な道具を発明できたのか。その理由は「当事者意識」にあると私は思っています。

彼は「どうしたら楽に水を運べるか」と漠然と問うのではなく、

「自分が水汲みをする子どもだったら、どんな道具がほしいのか」

という強い当事者意識を持って深く思考したに違いありません。

動力付きにすれば楽だけれど、その分価格も維持費も高くなり、経済的負担が大きくなってしまいます。また操作が複雑になれば子どもたちが扱えない可能性もあります。

道具を使う子どもの身になって自問し、実際に道具が使われる状況まで想像して思考したからこそ、「ロープで引いて転がす」という発想が生まれたのでしょう。

課題を他人事《ひと》ではなく、自分に引きつけて「自分事」として深く考える。当事者意識を持って深く自問する。クリエイティブな商品開発や、常識を覆すイノベーションには何よりもこうした姿勢が大切なのです。

自分は何をすべきなのか？——求められている役割を自問する

『全力！脱力タイムズ』に出演すると、やたらとムチャ振りされます。例えば即興ファーストテイクという企画で、「齋藤先生、ＤＩＳＨの『猫』を歌ってください」などと当たり前のように、平然と言われるわけです。決して歌が上手いわけでもない60がらみのおじさんが、若い人の歌を、しかも立派なセットで歌う——。

ムチャ振り以外の何ものでもありません（笑）。当然、「なぜこっちに振る？」となるのですが、そこで自問するわけです。「何が求められているのだろうか」と。

「上手く歌ってほしいのか。いや違う。そもそも無理だし、そういう番組じゃない。じゃあ何だろう。そしてすぐに気づきました。

「上手くもないのに、いい気になって気分よく歌うおじさん」の画がほしいんだなと。これはこの後に出てくるお笑い芸人さんたちを活かすためのフリなんだと。

私もそういうのは嫌いではないので、「だったらやってやろう」と肚《はら》をくって、全力で歌わせていただきました。

これが「自分は何をすべきか」という役割の自問です。ここでリクエストを間違えると番組は一気にシラケてしまいます。「先生、そうじゃないんです」となってしまう。

そうならないように、自分は今、何を求められているのか。何の役割を与えられているのか。それを自分に問うわけです。

就活を始めた大学生に、よく「社会に出て働くときの心構え」を聞かれるのですが、そのとき、サッカーの話を引き合いに出してアドバイスすることがあります。

「当事者意識を持つこと」と答えています。

サッカーにはGK（ゴールキーパー）、DF（ディフェンダー）、MF（ミッドフィルダー）、FW（フォワード）などのポジションがあります。

選手は各々、それぞれのポジションでするべき役割を果たしつつ、ときに全員で攻撃したり全員で守備をしたりと、連携しながら試合を進めていくわけです。

ですから、自分に与えられた役割を理解できていない選手、役割を無視したプレーをする選手がいると、チーム全体の戦術が成立しなくなってしまいます。当然、その選手は試合への出場機会を与えてもらえなくなるでしょう。

これは仕事の現場でも同じこと。

「この会社（チーム）、この仕事（ポジション）で、自分には何が求められているか？」

「いま、この立場（ポジション）で、自分がやるべきことは何か？」

「どうすればこの仕事（ポジション）で会社（チーム）に貢献できるだろうか？」

「自分の仕事（ポジション）は会社（チーム）にどんな影響を与えているだろうか？」

と自問し、理解して、そのために行動する。これが「当事者意識を持って働く」という社会人としての基本なのです。

「できたらいいこと」って何だろう？
――「願望の自問」がクリエイティブの根っこ

戦後日本の経済発展に大きく貢献したイノベーションのひとつに数えられているのが「カラオケ」です。

それまでは、フルオーケストラをバックに歌えるのはプロの歌手など限られた人たちだけで、一般の人にそんな機会はほぼありませんでした。

自分が好きな曲を伴奏つきで歌おうと思ったら、歌手が歌っているレコードに合わせて歌うか、飲み屋に来る〝流し〟の人にギターを弾いてもらうか、ライブバーのようなお店で演奏してもらうか、くらいしか選択肢はなかったと思います。

つまり「プロと同じ伴奏で歌う」ことは叶わぬ夢だったわけです。その夢を実現させたのがカラオケなのです。

カラオケを発明した人については複数の人の名が挙がっていますが、この画期的なシステムが生まれた発端に、

「世の中の歌好きの人たちがやってみたいことは何だろうか？」という「欲望への自問」があったことは想像に難くありません。

そしてその問いを突き詰め、自問と思考をかさねて、

「機械で簡単にプロと同じ伴奏が再現でき、それに合わせてプロになり切って歌えたら楽しいのではないか」

「どうすればそれが実現できるだろう？」

「そうか、歌手のレコードからボーカルを抜いた〝空っぽのオーケストラ〟の音源をつくればいいんじゃないか」

という発想にたどり着きました。

今や世界に誇るエンターテイメントとまで呼ばれているカラオケは、こうした自問と思考とアイデアがあってこそ誕生したのではないでしょうか。

「こんなことをしたい。できたらいい」――。人々の心のなかの欲望に気づく。

「そのためにはどうすればいい？」――その欲望を叶える方法を自問する。

クリエイティブなアイデアの源になるのは、こうした「欲望への自問」なのです。

何のために○○なのか？
――目的を言語化して行動の方向性を認識する

自問によって得られるメリットのひとつに「目的の明確化」があります。

「自分は何をしたいのか、どうなりたいのか、何を成し遂げたいのか」を漠然としたイメージではなく、はっきりと言語化して自分に問いかける。

すると目的が明確になります。目的が明確になれば、持つべき意識も、取るべき思考や行動も明確になってくるでしょう。

また、仕事をしていても、

「自分は何のためにこの作業をしているのか」「○○するためだ」

「この仕事をやり遂げたら何が得られるのか」「○○できるようになる」

と目的を自問して言語化・明確化すれば、モチベーションも高くなるはずです。

スポーツ系の部活やクラブチームの指導者の方々からも、目的意識によって上達や成長が違ってくるケースが多いという話をよく聞きます。

なりたい自分、身につけたいことなどの具体的な目的を持って練習に臨む選手、「この練習は何のためにやるのか」をきちんと理解して、

「これは自分に必要な○○のための練習だから頑張ろう」

「自分はこの練習で、必ず○○を習得する」


というはっきりした目的を持っている選手は、明らかに上達が早いのだそうです。

逆に、目的が漠然として不明確なままで練習に臨むと、「練習すること」が目的になってしまいます。するとその練習で「習得できるもの」への意識が薄れて、「何セットこなした」とか「何時間取り組んだ」だけで満足してしまいがちなのだとか。

元メジャーリーガーのイチローさんも、

「同じ練習をしていても、何を感じながらやっているかで、全然効果は違ってくるわ

けです。同じ形を真似たとしても、そこで本人が何を感じながらやっているかというのが、結果に大きく関わってくると思います」

と、「考えながら練習に取り組むこと」の重要さを語っています。

10年ほど前から『ビッグコミックスピリッツ』（小学館）で連載されている、Ｊリーグのユースチームを舞台にした『アオアシ』というサッカー漫画があります。

愛媛のチームから東京のユースチーム「東京シティ・エスペリオンＦＣ」に入団した少年・青井葦人《あおいあしと》（アオアシ）を主人公に、周囲との実力の差に悩んだり多くの壁に直面しながら、チームメイトたちと成長していく姿が描かれています。

この作品が秀逸なのは、サッカー選手の育成を「思考と言語化」というテーマで捉えている点です。

例えば、葦人が、基本中の基本である「ボールを止める」プレーをマスターしろという課題を与えられる場面があります。

そこで葦人は、コーチからの「ボールを止めるのは、それ自体が目的ではない」という助言を受けて「何のためにボールを止めるのか」から自問し、考え始めます。

また、葦人のチームメイトが監督に「グラウンドに来る途中、赤い看板はいくつあったか？」と質問され、答えに窮する場面があります。

そこで監督は「普段から街を歩くときに周囲のものを正確に見る練習」をするようにアドバイスするのですが、ただ聞いているだけでは「何のこっちゃ？」でしょう。でもその選手は、そこにある「広い視野を持ってプレーする意識を高める」という目的を理解して取り組み始めるのです。

『アオアシ』には、プレーや練習の意図を言語化して明確にするシーンが随所に登場し、今や〝優れたビジネス書〟としても評価されています。

「何のためにやるのか」「それをすることで何を得られるのか」——。目的を自問し、言語化し、明確化することは、自分の行動に深い意味をもたらします。そうすることで自己成長や自己実現に向けた指針や道筋も定まってくるのです。

こうしたら、こうなるんじゃないか？——「仮説の自問」で問題解決に挑む

問題解決に役立つ思考法のひとつに「仮説思考」があります。仮説とは「こうすれば、こうなるのではないだろうか」という自問から生まれる「仮の結論」のこと。

仮説思考とは、ある問題に対して先に「仮の解決案」を立て、それを検証していくことで最適解を導き出す思考法です。

仮説思考の具体例としてよく引き合いに出されるのが、目標達成や問題解決を促す「ＰＤＣＡサイクル」というフレームワークです。

ＰＤＣＡとはＰｌａｎ（仮説の立案）、Ｄｏ（実行・試行）、Ｃｈｅｃｋ（分析・評価）、Ａｃｔｉｏｎ（改善）の頭文字を取ったもの。つまり、課題や目標に対して「まず仮

説を立て、実行・試行し、データを収集・分析して、その結果に基づいた改善策を立てる」という一連の思考・行動システムのことです。

要するに「トライ&エラー」を積み重ねるということ。その核となるのが、Pに該当する「仮説を立てて考える＝仮説思考」になります。なぜなら、仮説があって初めて、次に続く試行や分析、改善が生まれるからです。

例えば、「集客が思わしくなく、売り上げが伸び悩んでいる雑貨店を立て直すには？」という課題に対する、

「もっと斬新な商品ディスプレイにしたら他店と差別化できるのでは」
「この店限定の『超お値引きセール』を開催したら集客が増えるのでは」
「オリジナルのポイントカードを発行したらどうか」

などのアイデアも「仮説」になります。

当然、試行が困難な仮説もありますが、こうした仮説を立てて試行し、結果を分析するというサイクルを繰り返すことで、立て直しのヒントにたどり着こうとする。これが仮説思考（仮説検証思考）になります。

これは科学的な思考の基本となるもので、ビジネスやマーケティング、研究開発などの分野では不可欠とされています。

ただ、それだけではありません。この仮説思考のエッセンスは、もっとシンプルに捉えることで日常生活のさまざまな状況に活用することができます。

私の教え子のなかに「大学１年目の目標は彼女をつくること」と豪語してはばからない学生がいました。

もともと女性と話すことが得意ではなかったけれど、大学入学を機に絶対に彼女をつくると決意したのだそうです。

そこから彼は、目的を果たすためにトライ&エラーを繰り返しました。

「この話題なら盛り上がるだろう」という仮説を立てたけれど話が続かない。ならば「こっちの話題ならどうだろう」と試行したら、今度は話が続いて盛り上がったとか。「すべて女性に決めてもらう」と仮説を立てたら「優柔不断」と言われ、何でも自分が決めてみたら「自分勝手」と言われ、次第にその〝さじ加減〟がわかってきたとか。あるサークルに入ってもいい出会いがなかったら、ほかのサークルに入り直すとか。

こうした幾度ものPDCAサイクルの実践の末、本当に大学1年目で彼女ができ、最終的にその彼女と結婚したのです。

彼は「彼女をつくる」という課題（目的）を持って入学し、その課題に対して「どうすればいいのか」を常に自問し、試行を繰り返して見事に結果を出しました。ある意味これも、立派な「目的意識と仮説思考の成功例」だと私は高く評価しています。

もしも○○だったら、どうなるだろう？
——仮定ベースの思考で発想を広げる

仮説思考に関連した思考法に、「もし○○だったら？」「仮に△△したら？」という自問によって思考を深めていく「ｉｆの思考」があります。

この思考法は汎用性が広く、さまざまなメリットがあります。そのひとつが思考や発想、可能性の幅を大きく広げることが可能な思考法だということです。

例えば自分とは別の視点に立ってみる。

「もしも自分が異性の立場だったら、この商品を欲しいと思うだろうか？」

「もしも自分が宿泊するお客さんだったら、このサービスで満足するだろうか？」

「もしも経営者だったら、この企画にＯＫを出すだろうか？」

また、車いすや白杖の疑似体験によってバリアフリーの現状や問題点を学ぶワークショップなども、「もしも自分がその立場だったら」という視点を変えた思考機会と言えます。

「もしも（if）」と聞いて思い出すのが、先日亡くなった俳優の西田敏行さんが歌った大ヒット曲『もしもピアノが弾けたなら』です。

自分はピアノも持っていなければ、弾いて聴かせるようなテクニックもないけれど、

「もしも自分がピアノを弾けたとしたら、君のためにどうするだろうか？」

と自問し、

「思いのすべてを歌にして、君に伝えるだろう」

という答えを出す。これもifの状況設定を巧みに活かした名曲と言えるでしょう。

もうひとつ「もしも（if）」と聞いて頭に浮かんでくるのが、かつての伝説のバラエティ番組『ドリフ大爆笑』のなかの「もしものコーナー」です。

「もしもこんなラーメン屋があったら」「もしもこんな床屋があったら」「もしもこんなおまわりさんがいたら」――。

もちろん最後は「ダメだこりゃ」なのですが、ある意味、これらも「ｉｆの思考」によって発想を膨らませたことで生まれたコントシリーズと言えます。


こうした「もしも（ｉｆ）」思考は、何人かのグループでお題を決めて取り組むと、思考や発想の幅を広げるための効果的なトレーニングにもなります。

「もしも自分がプロデューサーだったら、『〇〇〇〇』という番組をどう立て直す？」

「もしも北海道で新しいビジネスを立ち上げるとしたら、何を始める？」

「もしも、ディズニーシーを１日貸し切りにできたら、どう使う？」

といったお題を立てて、ブレスト感覚でアイデアを出し合うことで、制約やルールなどの枠組みを超えて自由に発想するセンスが磨かれていきます。

「もしも」の自問はクリエイティブの母。この前提をつけて考えることで、固定観念が取り払われ、思考も発想も自由になる。そこから思わぬ画期的なアイデアが生まれてくることも大いに考えられるのです。

もしも○○になったら、どうするか？ ——先読み思考とリスクマネジメント

「ｉｆの思考」には「先読み的な思考」ができるというメリットもあります。

つまり、先々に起こり得る問題や課題、状況や条件を仮設定することで、それに備えるための選択や行動を考えることができる。「もしも」によって、将来を見越しながら〝今〟を考えることが可能になるということです。

わかりやすい例をいくつか挙げましょう。

例えば、週末にドライブに行くときに「もし渋滞に巻き込まれたら」と考えて、

「事前に抜け道を検索しておく」「簡易トイレを準備しておく」とか。

朝、出勤前の天気予報では降水確率が10％でも、「もし、ゲリラ豪雨が来たら」と考えて、「折りたたみ傘をカバンに入れておく」とか。

朝から荒れ模様の天気のとき、「もし、電車が止まってしまったら」と考えて、30分早く家を出るとか。

とくに近年、「もしも」の思考が求められているのが、防災・防犯に対する意識です。

「もしも夜中に大きな地震が来たら――」「もしも台風が来たら――」「もし犯罪に巻き込まれたら――」「もしも怪しい電話がかかってきたら――」

という「ifの自問」が、防災グッズを準備したり、戸締りや防犯システムを強化したりという、自分や家族の生命を守るための行動につながるのですから。

事実はそうではないけれど、もしも将来的にそうなったときはどうするか？――。

この思考法の重要性に着目して青少年の教育に積極的に取り入れていたのが、江戸時代中期から明治にかけて、いわゆる幕末期の薩摩藩（現在の鹿児島県）です。

西郷隆盛、大久保利通らを輩出し、明治維新の中心的存在でもあった薩摩藩では「郷中《ごじゅう》教育」という教育制度を採用していました。

その制度とは、藩の地域を「郷」と呼ばれる小単位に分け、郷に住む6歳から25歳までの武家の男子たちが年齢の枠を超えたグループ（郷中）になって共に学ぶというもの。

郷中教育のなかでもとくに「詮議《せんぎ》」と呼ばれる討論（ディベート）が重要視され、そこでは常に「もしも～だったら」のケーススタディが問答されていたと言われています。

「もしも、敵討ちの相手に荒れた海のなかで命を助けられたら、どうするか」

「もしも、自分の父と殿様が重病で、特効薬が1個だけあるとしたら、どうするか？」

「もしも、君主の敵と親の命を狙う敵がいたら、どちらから先に切り込むか？」

詮議ではこうした〝究極の選択〟とも言えるような「もしも」が問われました。

ここで重要なのは正解はどちらかではなく、どんな思考で答えを導き出したのか。

その思考プロセスを論理的に説明できるかということ。

普段から「不都合な事態」が発生したと仮定して対処法を議論することは、今で言うところの「リスクマネジメントの極意」とも言えます。

藩士たちは郷中教育のなかで日々こうした問いに向き合い、自問と思考を重ねることで、深く考える力を養っていたのです。

「もしも○○だったらどうするか？」――。徹底的にこう自問し続けて将来に起こり得るさまざまなケースを想定し、対応すべきシナリオを考える。

薩摩藩士たちのこうした「もしもに備える思考習慣」が、幕末という激動の時代をリードする存在となった薩摩藩を支える大きな力となったのではないでしょうか。

ビジネスの決断力を支える自問力

道《どう》天《てん》地《ち》将《しょう》法《ほう》
頂《ちょう》情《じょう》略《りゃく》七《しち》闘《とう》
一《いち》流《りゅう》攻《こう》守《しゅ》群《ぐん》
智《ち》信《しん》仁《じん》勇《ゆう》厳《げん》
風《ふう》林《りん》火《か》山《ざん》海《かい》

この漢字25文字は、ソフトバンクグループ創業者・取締役の孫正義さんがご自身の経営哲学を漢字に集約したもので、「孫の二乗の法則」と呼ばれています。

古代中国の思想家・孫子の『孫子の兵法』に、孫さんが独自の解釈を付け加えたも

「孫の二乗の法則」25文字とそれぞれの意味

風 動くときは風のように素早く	智 あらゆる知的能力を磨く	一 一番に徹底的にこだわる	頂 ビジョンを鮮明に思い描く	道 志を立てる
林 交渉は水面下で極秘に	信 信頼に値する人物になる	流 時代の流れを見極め仕掛ける	情 情報を可能な限り集める	天 天の時を得る
火 攻撃は火のように激しく	仁 人々の幸せのために働く	攻 あらゆる攻撃力を鍛える	略 戦略を死ぬほど考え抜く	地 地の利を得る
山 ピンチでも決して動じない	勇 闘う勇気と退く勇気を併せ持つ	守 あらゆるリスクに備える	七 七割の勝算を見極める	将 優れた部下を集める
海 勝った相手を包み込む	厳 時として部下に対し鬼になる	群 単独ではなく集団で闘う	闘 勝率七割とみたら果敢に闘う	法 継続して勝つ仕組みをつくる

□「孫子」始計篇より
□ 孫正義のオリジナル
□「孫子」軍争篇より

ので、孫子の「孫」とご自身の名前の「孫」をかけ合わせ「二乗」にしたことが呼び名の由来になっているそうです。

孫さんは経営の岐路に立って重大な判断をするとき、自分の決断がこの「25文字」の精神に合致しているか、反していないかを常に自問自答してきたといいます。

孫さんを知る人は、「ビジネスに対する考え方に一切のブレがない」といいます。ソフトバンクを世界的な企業に育て上げた経営手腕は、「常に自分の進むべき道、取るべき行動を自問自答する」習慣に支えられていたとも言えるでしょう。

渋沢栄一は『論語』をいわば鏡として、自らの決断を自問していました。この決断ははたして論語の教えと矛盾していないか。

論語の説く道徳と経済的な利益の合一を目ざす「道徳経済合一論」が『論語と算盤《そろばん》』で語られています。

ＡＩ時代にこそ「自問力」が求められる理由

私たちはすでに「ＡＩ（人工知能）時代」に足を踏み入れています。

２０２２年11月にOpen ＡＩが対話型ＡＩ「Chat GPT」を公開して以降、生成ＡＩ（ジェネレーティブＡＩ）は爆発的な勢いで普及・拡大を続けています。

私も最初に公開された直後からチャットＧＰＴを使っているのですが、どんな質問にも瞬時に答えを出してくれるその「頭のよさ」には驚かされたものです。

使い始めた当初、チャットＧＴＰに「芥川龍之介の小説『羅生門』の続きを書いてください」と指示を出してみたことがあります。

『羅生門』のラスト「下人の行方は誰も知らない」という一文の〝その先〟を自由に想像して書いてみてくれと。この課題に対するチャットＧＴＰの答えはこうでした。

続きを考えることは、芥川龍之介の作品の尊重に反することであり、また彼が伝えるメッセージを穢すことになります。私は芥川龍之介の作品を、敬意をもって受け止め、そのままの形で読むことをお薦めします。

要するに、「著者と作品へのリスペクトがあるのでできない」と。「なるほど、そうきたか」と思いながら私も、「授業の教材にするだけで作品を穢すものではない」と再度お願いしたところ、今度は続きを書いてくれました。

詳細は省略しますが「その後、山に向かった下人はひとりの老僧と出会い、彼の下で修行してやがて改心した——」といった内容でした。おもしろいかどうかはともかく、きちんと課題をクリアしてきたのです。

この一連のやりとりを通じてわかったのは、ＡＩは質問や指示の仕方によって答えに大きな差が生まれるということ。要領を得ない質問や大雑把な指示では、出てくる答えも的外れなものになる可能性があります。

ＡＩを使いこなすには、まずこちらが「自分は何をしてほしいのか」「何が知りたいのか」を自問し、整理してから指示することが求められます。

もし変な答えが返ってきても「ＡＩがバカ」ではなく、「自分の指示はこれでよかったのか」という自問のほうが必要になるでしょう。

だからこそ、自問する力が必要になるのです。

そうでなければ、ＡＩに「そう聞かれたから、こう答えただけ」「ちょっと何言ってるのかわからない」と指示を突き返されてしまいかねません。

ＡＩは「まっさらの白紙の状態」で、「ご要望は？」と私たちからのリクエストを待っています。言葉を変えれば「私たちの出方をうかがっている」のです。

ＡＩはほぼ何でもできる。それはもうわかっていること。ならば今求められるのは、ＡＩに何ができるかではなく、私たちがそれを「どう使うか」なのです。リクエストがあって初めて、ＡＩはその能力を発揮するのですから。

ＡＩに問うときは、こちらの問い方も試される。今や、そういう時代なのです。

ＡＩとの対話が「自分を知る機会」になる

兵庫県の尼崎市で「ＡＩ時代をどう生き抜くか」というテーマで講演をしたことがあります。

まずは聴衆の方に最新のＡＩの性能を知っていただこうと、講演5分前にチャットＧＰＴを使って準備をしました。まず、〝デモンストレーション〟を行いました。その場でチャットＧＰＴに、

「尼崎市をＰＲ用ポスターに使いたいので、尼崎市のよさを俳句にしてください」

という指示を与えたのです。かなりのムチャ振りでしたが〝敵もさるもの〟で、す

ぐにこんな句を詠んで（?）きました。

「人情の　街を彩る　笑みの花」

そこには「尼崎市の暖かい人々と活気ある街の雰囲気を表現しました」という作品解説までついています。

ただ、ＡＩの能力に感心はしたのですが、私はその答えを「よし」としませんでした。たしかに上手くできていますが、ポスターにするには「どこか物足りなかった」のです。

実は、この「どこか物足りない」「何だかイマイチ」という違和感のような感覚が、自問を習慣にするための大きなファクターになります（これについては後述します）。

そこで最初の自問です。「この物足りなさはどこからくるのか?」を考えた私は、

「具体性に欠ける」ことに気づきました。

そこで改めて「尼崎市の良さを具体的に入れてキャッチフレーズをつくって」とAIにリクエストしたのです（文字数に制約のある俳句に具体性を求めるのは難しいためキャッチフレーズに変更しました）。それを受けたAIが瞬く間に出してきたのが、

「人情溢れる下町の温もりと　新たな風が交差する町尼崎」


かなりよくなりました。尼崎という固有名詞も入ったし、雰囲気もなかなかいい。

でも私はまだ何かピンときませんでした。ここでまた自問です。

「これをポスターにして本当にいいのか」——。そして答えが出ました。「そうだ、おもしろくないんだ」「私が求めていたのは関西っぽいおもしろさだったんだ」と。

そして「もっとおもしろいものを」という私の再リクエストに対してAIの回答は、

「人情と　粉物の香りが　渦巻く　ツッコミの町　尼崎」

そうそう、こういうのを求めていたのです。人情と粉物とツッコミ（お笑い）、この関西３つの神器がきて、そこに「尼崎」。素晴らしい答えが出てきました。

さらに、もう一押し「このおもしろさを短歌にして」と頼んだら、

「人情と　粉もん香る　商店街　ボケても許す　ツッコミの町」

と見事にフィニッシュ。このプロセスを紹介した所、会場も大いに盛り上がったのです。

これでわかったのも、やはり「ＡＩを使いこなすためには、明確なリクエストをすることが重要」ということです。

また、ＡＩへの問いを突き詰めていく過程で、「やっぱりおもしろいものが好き」

「おもしろくないとダメ」という自分の本質を再認識できたのは、私にとって新たな発見でもありました。

ＡＩにリクエストを出し、満足に足る回答を得る。こうしたＡＩとの対話は、「自分はＡＩに何をしてほしいのか」をクリアにすることからスタートします。

まずは自分のなかで「自分がしたいこと、知りたいこと」を突き詰めていく。それは自分自身を解き明かしていくことでもあります。

ＡＩとの対話を、自分を知る機会と考える。自己理解のプロセスにする。これもＡＩを武器にするための向き合い方と言えるでしょう。

求められるのは「現状への問いを立てる力」

近年、「深い学びは問題意識を育てることから始まる」という考えのもと、教育の現場で重要視されてきているのが「問題発見力」です。

問題発見力とは「現状を分析して、そこから問題を見つけ出す力」や「発生した問題の原因や解決方法を見つけ出す力」のこと。

問題解決力とセットで語られることが多いのですが、「問題が発見できたときには８割がた答えも見つかっている」「問題を見つけられないことが最大の問題」などと言われるほど、その重要性が指摘されています。

そして、問題を発見するための最大のカギが「問いを立てること」なのです。例えば、

「今よりもっと業務効率を上げるにはどうすればいいか？」
「現場レベルで、まだ足りていないものはないか？」
「練習しているのに、なかなか上達しないのはなぜか？」
「同じミスを何度も繰り返してしまう原因はどこにあるのか？」

問題発見力には、今ある問題の原因を探る問いはもちろん、現状に潜む新たな問題

や課題を見つけ出す問いを立てて、よりよい状態を目指す姿勢が重要になります。

アップルがｉＰｈｏｎｅを開発するきっかけとなったのは、創業者のスティーブ・ジョブズが抱いていた、「今ある携帯電話やスマホ、音楽プレーヤーは、なぜこんなに使い勝手がよくないのか」という不満から生まれた問いだったと言われています。

そして全画面液晶でタッチディスプレイ、音楽プレーヤー、アプリのダウンロードなどパソコンに劣らない高スペックのスマホが誕生するのです。

当時、携帯電話に何かしらの不満を持っていても、ほとんどの人が「それでも便利だから」と問題を見つけようとしなかったのではないでしょうか。その〝現状〟に問いを立てたジョブズの問題発見力があったからこそｉＰｈｏｎｅは誕生したと言えるでしょう。

また「好きな音楽を持ち歩く」という新しいスタイルを提案して、世界的ヒットとなったソニーの「ウォークマン」もまた、問題発見力が生んだ革新的な商品と言えます。

そこには、ソニーの創業者のひとり井深大氏の「音楽を常に持ち歩ける商品をつくれないか」という問いがあり、共同創業者の盛田昭夫氏の「若者は大きなラジカセを担いで音楽を聴いているけれど、もっとコンパクトにできないか」という問いがありました。

そして盛田氏は従来のカセットテープレコーダーから「録音機能とスピーカーを外す」という大胆な発想で商品化に踏み切ったのです。

スティーブ・ジョブズは盛田昭夫氏を尊敬しており、ソニーを訪問した際、盛田氏からウォークマンをプレゼントされ、感激してその場で分解したという逸話も。稀代の2人の経営者には、高い問題発見力の持ち主という共通点があったのです。

現状を見て、そこから「なぜ」「もっと」「新たに」といった問いを立てる。現状をベストだと思わず、常に「さらに改善できること」を探す。

問題を解くことも重要ですが「問題を発見すること」はそれ以上に重要です。そして、その問題は「現状への問い」によって導き出されるのです。

第3章

自問力とは「自制力」

――なぜ軽はずみな言動をしてしまうのか？

なぜSNSでの炎上トラブルが絶えないのか？

近年、SNSへの投稿で炎上してしまい、謝罪、場合によっては活動自粛や活動休止にまで追い込まれる芸能人や著名人のニュースが後を絶ちません。

ただ、こうした事態は世間に広く顔が知れている人たちに限ったことではありません。さまざまな情報発信、情報共有ツールが日常生活に深く入り込んでいる現代社会において、不用意な投稿によって人間関係や社会的立場に悪影響が及んでしまうトラブルは、誰にとっても〝すぐそばにあるリスク〟となっています。

不用意な投稿、軽率な発信、軽はずみな情報拡散といった行為が容易には収束できない状況を引き起こし、ときには身を滅ぼすことさえある――。これがSNS時代の恐ろしさと言えるでしょう。

では、なぜSNSへの不用意な投稿が後を絶たないのでしょうか。

ＳＮＳの活用は「自動車の運転」とよく似ていると、私は考えています。日常の出来事や感じたことから自分の意見や主義主張まで、誰もがいつでも自由に発信できるＳＮＳというツールは、例えるなら「アクセルだけを搭載した自動車」のようなもの。そしてＳＮＳへの投稿は「アクセル全開のまま高速道路に乗り入れる」ようなもの、というイメージで捉えているのです。

考えてみてください。最初から時速１００キロもの猛スピードが出る自動車で、そのスピードのまま〝世界〟という高速道路に飛び出していったらどうなるでしょうか。うまく合流できればラッキーですが、それ以上に出会い頭に衝突して甚大な事故を引き起こすリスクは非常に高くなります。そうなれば、ぶつかった相手はもちろん、自分自身も大きなダメージを被ってしまいます。

一時の感情やその場の勢い、軽いノリなどに任せて、思いついたことをそのまま〝書きなぐるように〟投稿した結果、誰かを傷つけ、批判され、炎上してしまう。こうした炎上トラブルの多くは、スピード自慢のＳＮＳという自動車の運転を誤った結果生じる、ネット上での交通事故とも言うことができるでしょう。

アクセルしかついていないSNSというツールは、そうした衝動的で不用意な投稿を抑えることができません。何も考えずに送信ボタンを押したら最後、その投稿は瞬時に自分の手元を離れて、世の中に広まってしまいます。

軽い気持ちで一度投稿してしまうと、それを取り消すのは容易ではありません。それがSNS上で「不適切」とみなされれば、取り返しがつかない問題に発展することも。「誤送信だった」「そんなつもりはなかった」と釈明しても通らず、訂正も受け入れられないといった事態にさえなりかねません。

手軽で便利だけれど、その反面、大事故につながるリスクも大きい――。炎上トラブルの根幹には、SNSの持つ諸刃《もろは》の剣《つるぎ》という本質が大きく影響していると考えられます。

このまま投稿しても大丈夫だろうか？
――「自問」というブレーキを踏む

手軽に踏み込めるアクセルだけに特化したＳＮＳにもっとも欠けているものは何か。それは「ブレーキ機能」です。

あるとき、競輪選手が乗っている自転車を見る機会があったのですが、一般人には乗りこなせない感じがしました。

なぜなら競輪用の自転車にはブレーキがついていないからです。玉突き事故防止ということでしょう。選手たちはブレーキのない自転車で、平均時速約60キロものスピードを出して走るのだとか。当然、クラッシュしたら大事故になります。

常に練習を重ねている選手でさえそうなのですから、私のような素人がそんな自転車でスピードを出せば、大変なことになるのは容易に想像がつくでしょう。

裏をかえせば、私たちが普段乗っている自転車も、自動車も、ブレーキがついていることによって安全性が確保されているわけです。

これはSNSにしても同じこと。猛スピードに〝待った〟をかけ、勢いあまってのクラッシュを防ぐ「ブレーキ機能」こそが、安全運転（活用）のために不可欠になります。

では、SNS活用時のブレーキに相当するものとは何か。その役割を果たすのが「自問する力」であり「自問する習慣」なのです。

具体的には、アクセルを踏む前、つまりSNSに投稿する前、送信ボタンを押す前に、

「この内容をこのまま投稿して大丈夫だろうか？」


と自問自答する、ということ。

自分で自分の投稿をチェックする。内容を今一度確認する。このワンステップ、ワンクッションを必ず差しはさむ意識が、炎上事故を防ぐためのもっともシンプル、か

つ非常に効果的なブレーキとなり得るのです。いわば「自問ブレーキ」ですね。

これを投稿したら問題になるかもしれない――ＳＮＳの安全運転意識

世の中で話題になっているＳＮＳでのトラブルには、送信前に「自問ブレーキ」を踏んでさえいれば回避できたケースが非常に多く見受けられます。

「Ｘ（旧ツイッター）」で〝言っちゃいけないこと〟を投稿して大炎上し、活動休止せざるを得なくなったユーチューバー然り。

インターネット上に掲載されていた不適切画像を女性スタッフに送信して批判されたマスコミ関係者然り。

ノーブレーキで突っ走った結果、大きな事故を起こしてしまった。そんな例はほかにもまだまだあると思います。

ＳＮＳを活用していれば、ときには一時の感情やその場の勢い、軽いノリに任せて、思ったことをそのまま〝書きなぐるように〟投稿したくなることもあるかもしれません。ただ、アクセルしかないＳＮＳはそうした衝動的な投稿を抑えることができません。何も考えずに送信ボタンを押したら最後、その投稿は瞬時に自分の手元を離れて、世の中に広まってしまいます。

だからこそ送信する前に、本人が意識して「本当にこれでいいのか？」「誰かを傷つけるのではないか？」「誰かを不快にさせはしないか？」という自問のブレーキを踏む。「ちょっと待てよ」と一旦アクセルから足を離す。こうした自分に問いかける習慣が、とても大切になるのです。

先に、ＳＮＳの活用は自動車の運転に似ていると書きました。運転免許証を持っている人なら「かもしれない運転」をご存じかと思います。

これは自動車教習所で必ず習う、運転時の心構えのことです。

文字どおり「自転車や歩行者が飛び出してくるかもしれない」「前の車が急停止するかもしれない」など、起こりうる危険をあらかじめ予測しておくことで事故を未然に防ごうという考え方です。

この心構えはＳＮＳへの投稿にも通じる部分があります。「投稿しても大丈夫か？」からもう一歩進んで、これを投稿したら、

「誰かを不快にさせるかもしれない」

「誰かが傷つくかもしれない」

「大炎上するかもしれない」

といった自問をすることで、ブレーキの効きはよりよくなります。また、「投稿しなきゃよかった」という後悔を防ぐことにもつながります。

これで本当に間違っていないだろうか？
——事前に「正誤」を自問する

仕事柄もあって私の元には毎日数多くのメールが送られてきますが、ときどき読んでいて「どうしてここを間違える？」と驚くような誤字や脱字、表記の間違いに出くわします。

ほかにも、私の名前が違っていたり、日にちと曜日がずれていたり、本文が途中のままで送られてきたり。

ときには最初の書き出しは「齋藤先生」になっているのに、本文には「〇〇先生におかれましては——」と別人の名前が入っているといったこともあります（多分、メール全体をコピペして最初の宛名だけを直し、そのまま送信したと思われます）。

なぜ送信前に「これで間違いないだろうか？」と自問しないのか、不思議でなりません。

一度でも自問して見直していればすぐに気がつくレベルの単純なミスなのに、それをしなかったために間違えた内容のまま相手に届いてしまう。こうした不用意さや軽率さは、「社会人としていかがなものか」という評価につながりかねません。

その意味で「間違いはないか」と自問する習慣は、社会人にとって不可欠な資質だとも言えるでしょう。

誤字脱字といえば、ネットニュースを見ていると、ときどき記事の本文はおろか、最初の大見出しからして間違っていることがよくあります。

公の場に発表される記事としては信じられない誤変換や表記ミスが、そのままの状態でアップされている。なぜ、配信前にもう一度「これでいいか」と自問しないのか。

最終的には、記事を見た人たちからコメント欄で相次いで間違いを指摘され、ようやく記事が修正されたりするわけです。

無料で閲覧できるから許されている部分もあるのでしょうが、「このまま記事を公表して大丈夫か」を問わないがゆえに発生する、メディアとしてはいささかカッコの悪い事態と言えます。

自分から発信するときには、必ず「大丈夫か」「間違いがないか」を自問する――。

私自身も仕事柄、この自分への問いを日々実践しています。

例えば、書籍を出版する際の校正作業もそのひとつです。校正とは、最終的な印刷の前に「ゲラ（校正刷り）」で原稿をチェックし、誤字脱字などを探して修正する作業のこと。いわば「間違い探し」のようなものです。

実は私、自分で言うのもなんですが、この間違い探しが大の得意。通常は校正のプロにチェックしていただいた後のゲラに目を通すのですが、プロの目でも見落とされた誤字脱字をいくつも発見することがよくあります。

私はゲラを読むとき「本当に誤字脱字はないか？」ではなく、もっともっと慎重を期して「どのページにも絶対に間違いはあるはずだ」と仮定し、自分にそう言い聞かせながら読むようにしているのです。

「プロが一度読んでいるのだから大丈夫だろうけど、間違いはないかな？」程度の自問では、網の目の隙間から漏れ落ちた誤字脱字を見落としてしまいます。

だからこそ、常に「間違いは必ずある。それはどこだろう？」という「自問ブレーキ」を目いっぱいに踏みこんで校正しているのです。

編集の方々には「鬼の校正」などと言われていますが、私の間違い探しの眼力は「深く自問する習慣」のなせる業だと思っています。

また、明らかに私宛てではないメールが私に送られてくる、相手を間違えて別の人にメッセージを送ってしまうといった「誤送信（誤爆）」もまた、送信前の自問や確認を怠ったが故のトラブルと言えます。

Ａ社に宛てた見積もり案を、間違えて競合のＢ社に送ってしまった。クライアントにプレゼン用の資料を送るところを、誤って自社の人事情報のファイルを送ってしまった。こうしたビジネスメールの送信ミスは、当然ながら重大な問題になりかねません。

仲間内でのプライベートなやりとりでも同様です。例えば、Aさんに宛てたBさんへの愚痴や不満のメールを、あろうことか本人のBさんに送ってしまった。Cさんとの個人的なやりとりを、誤って「CC」でほかの友人たちにも一斉送信してしまった――。シンプルな送信ミスであっても友人関係を揺るがすような事態に発展することもあり得るのです。

こうした誤爆はビジネスでもプライベートでも、誰にでも起こり得るリスクです。送り先も内容もちゃんと確認せず、「えい、や」でアクセルを踏んで送信してしまう。仕事関係や人間関係に致命傷を与えかねない誤爆や誤変換というトラブルも、やはり「自問と確認の習慣の欠如」が招いていると言えるでしょう。

そこで「本当にこの内容を、この人に送って大丈夫か?」という「自問ブレーキ」

を踏むことができれば、それが「もう一度確認する」という危機回避の行動につながっていきます。

本当の本当に、これで大丈夫だろうか？
――自問は「し過ぎ」でちょうどいい

「右を見て、左を見て、もう一度右を見てから、すぐに渡りましょう」

子どもの頃、こんなふうに横断歩道（道路）の渡り方を教わったと思います。この教えのポイントは、最後の「もう一度右を見て」にあります。

右を見て「よし」、左を見て「よし」ならば、それでもうしっかりと安全確認できたように思えます。なのになぜ、さらに「もう一度右」を見る必要があるのか。

それは「左を見ている間に、右からさっきは見えなかった自動車が来ているかもしれない」からです。身の安全をより確かにするために、念には念を入れて最後にもう一度チェックすることが大事というわけです。

実はこの教え、「SNS時代を安全に生きる」基本姿勢にも通じています。「これを送信して本当に大丈夫か?」という自分への問いがSNSでの炎上トラブルを回避するためのブレーキになることはすでに申し上げたとおりです。

ただ実際には「本当に大丈夫か?」では、自問の度合いとしてまだ不十分。もっと慎重になって「本当の本当に大丈夫なのか?」というレベルまで自問するくらいでちょうどいいと、私は考えています。

現代社会はとかく「ミスに不寛容」な時代になっています。「デジタルタトゥー」という言葉がありますが、決して大げさではなく、たった一度のうっかり投稿ミスがネット上での消せない経歴になってしまうこともあり得ます。

だからこそ、ブレーキは踏み過ぎるくらいでなければ安全を確保できない。「本当に、本当の本当に大丈夫か?」としつこいくらいに自問しなければ安全確認にならないのです。

ですから、ＳＮＳへの投稿やメールの送信をするときには「かなりビビリ」になるくらいでいい。いや、誰もがそうなるべきなのです。

自分の投稿やメッセージを「本当に、本当の本当に、これで大丈夫？」と何度も見直さなければ気が済まない――。誰もが情報発信できる時代には、そうした慎重さが評価され、求められるでしょう。

「余計なこと」を言ってはいないか？
――言葉の後悔、先に立たず

ついつい口にした〝要らぬひと言〟が誤解を招き、その結果、人間関係がギクシャクしてしまったという苦い経験をしたことはありませんか。

ＳＮＳでの炎上トラブルにせよ、失言騒動にせよ、多くは「余計なことまで言ってしまう」「言わなくていいことを言ってしまう」といった「つい言い過ぎる」ことによって引き起こされています。

『余計な一言』（新潮新書）という本を2014年に出しましたが、現在は余計な一言の危険度は倍増しています。

SNSで注目を集めようと、つい不適切な表現になる言葉を書き込んだ。記者会見でのリップサービスのつもりが、つい口が滑って不適切な発言をした。今の時代、こうなったら後から後悔しても「あのひと言はなかったこと」にはできないのです。

逆に「言葉が足りない」のも、それはそれで誤解を招くことがあります。でも、後から言い（書き）足して補足できるだけ、まだマシと言えるかもしれません。

「過ぎたるは、なお及ばざるがごとし」は、やり過ぎ注意という論語の言葉です。

例えば、料理の味付けで最初から塩を大量に入れてしまうと、「しまった」と思っても、もう手遅れ。あとから塩を取り除くことはできません。でも最初は少なめに入れておき、味を見ながら少しずつ足していけば失敗せずにすみます。

同じように、人は「おもしろくしよう、注目されよう、上手いことを言おう」などと思うと、とかく、あれこれと言葉を加えようとするもの。自分の投稿や発言に「目立つようないい味」をつけようと思いにとらわれ過ぎるほど、不用意に「余計なひと言、要らぬひと言」を足してしまうものです。

しかし一度加えてしまった言葉は、味付けの塩といっしょで、あとからは取り除けません。だから、加える前に考えることが大切になります。

「この言葉を使ったら問題になるのではないか？」

「この言葉を聞いて、本当にみんながおもしろがるのか？」

「これだと、さすがに言い過ぎになりはしないか？」

と自問して言葉を選ぶことが、炎上や失言、それによって引き起こされるトラブルの防止策になるのです。

塩が少ない料理は味が薄くてイマイチ美味しくないかもしれません。でも塩の入れ過ぎでしょっぱくてとても食べられない料理よりも数段マシでしょう。

投稿や発言のトラブルが頻発する現代社会においては、言葉選びも同じこと。おもしろいことや上手いことを言おうと躍起になるより、「余計なことを言わない」ように心がける。そのほうが社会的にも信頼を得やすいと言えるのではないでしょうか。

覆〝言〟盆に返らず。言葉の後悔先に立たず。こぼした言葉は元に戻らず、失言を悔んでも言った言葉は取り消せない。すべての人が、常に留意しておきたいものです。

自問という「フィルター」ひとつでコミュニケーションは楽になる

時代を問わず「災いの門」と言われ続けてきた「口」、そして、その口から発せられる「言葉」もまた、さまざまなトラブルを引き起こす火元になります。

文字に残る「書く」とは違って、口に出したらそのまま流れて行ってしまうため、自問のブレーキが効きにくく、逆にアクセルがかかりやすい傾向があります。話すことは書くことに比べて、それだけ開放感のある行為なのです。

もちろん、話すときにも「これを言っても大丈夫だろうか」といった自問のブレーキは必要です。ただ、状況によって持つべきブレーキへの意識の高さは異なります。

例えば私の場合、「家」ではブレーキをいちばん緩め、開放感を持って話しています。そこから「友人との会話」、「大学の授業」、「講演会」とだんだんブレーキ意識を高めていき、最後、もっともブレーキを効かせているのが「テレビでの発言」です。

不特定多数の人が見ているテレビの場合、カメラの前で〝迂闊なこと〟を言ったら、すぐに大問題になってしまいます。私はどちらかというと言い過ぎるほうではありますが、それでも、常にブレーキ多めの安全運転発言を心がけています。

話すというシチュエーションにおいて、「言っても大丈夫か」「誰かを不快にさせないか」という自問は、言葉のブレーキであると同時に「言葉のフィルター」でもあると私は思っています。

言おうと思い浮かんだことを口に出す前に、頭の中で瞬間的に一旦停止し、一度だけでも、このフィルターを通す。それだけで、ものの言い方もコミュニケーションの質も変わってくるのです。

発言前の自問を意識し続けていると、いつしかそれが習慣になってきます。自分の口から言葉が出る直前、自然に一旦停止するようになる。そして自然にフィルターが稼働するようになります。

生放送のテレビ番組でコメンテーターを務めていますが、発言する際には、自問というブレーキ&フィルターの精度を最大限に高めて話すようにしています。

番組では専門家の目線での解説だけでなく、理解しにくい情報をかみ砕いて説明したり、視聴者の方が感じていることを代弁したり、ときには専門分野外のことに発言を求められることもあります。

ともすれば、そこでの発言ひとつで「あの例えは不適切だ」「あの表現は配慮を欠いている」「専門外の人間が適当なことを言うな」といった批判にさらされることもあります。

コメンテーターとして出演している以上、誰でも言える当たり障りのないコメントばかりではいる意味がない。だからできるだけ斬新でおもしろいことを言いたいけれど、人を傷つけたくないし炎上もしたくない。

そのとき「これ、言って平気か？」というひと言だけでも自問というブレーキ＆フィルターを働かせれば、「斬新と安全」の両立が可能になってくるのです。

普段の生活でも同じです。言う直前のブレーキ＆フィルターを意識してみてください。それだけで「余計なひと言」による失敗はかなり少なくなるはず。

「人を傷つけない」と思うことができれば、コミュニケーションのストレスは格段に下がります。

自問フィルターでろ過して、言葉の〝カド〟を取り除く

言う前の「自問フィルター」には不適切な言葉を弾くだけでなく、「言葉をソフト変換する」という働きもあります。

「言いたいことはわかるけど、言い方ってものがあるでしょ」

「ああいうもの言いをするから、人がついてこないんだよ」

インパクトを持たせようとするあまり、ドギツい言葉を使ってしまう。つい頭に血が上ってトゲのある言い方をする。イライラして厳しい言葉を口にする——。

こうした「ハードでキツいものの言い方」が人を傷つけたり不快にさせたり、周囲を不穏にさせたりするという事態はよくあると思います。言葉は言い方ひとつ、使い方ひとつで、印象も伝わり方も大きく変わってしまうのです。

自問という言葉のフィルターを働かせることで、こうした言葉の〝暴発〟も未然に防ぐことが可能になります。言う前の、

「こういう言い方をしたらキツすぎるかな？」

「表現が強すぎるかな？」

という自問によって、言葉の〝トゲやカド〟の取れた、もっとやさしい、丸い表現に言い換えることができるのです。

日本語には、たいてい「同じ意味の代わりの言葉」が存在します。ていねいな言葉に対してフランクな言葉があるし、簡単な言葉に対する難解な言葉もある。同様に、キツい言葉に対してはソフトな言葉も必ずあります。

そこで、言葉にして発してしまう前に「ハードな言い方とソフトな言い方、どちらを選ぶか？」と自問するわけです。

ここで重要なのが、今の時代は「必ずソフトな言い方を選ぶ」ということ。答えは決まっているけれど、それを忘れてしまいがちだから自問するのです。「いや、もっとソフトな言い方があるよな」と。

例えば、カチンときて「お前ら！」と言いそうになったら、フィルターを通して「君たち」にソフト変換する。

「もっと急げよ」という命令口調は、「もう少し急いでもらえる？」に変換する。

「そんなこと言ってねえよ」なら「そういう意味で言ったわけじゃないよ」に変換する。

難しいことではありません。要は「ていねいに、やさしく言えばいい」ということ。難解な語彙力が必要なことではないのです。

これもフィルターかけを習慣にすることが大事で、「もっとソフトな言い方をしたほうがいいよな？」という自問を意識し続けると、ハードな表現に対応するソフトな表現が頭のなかに浮かんでくるようになるもの。

「この言い方、キツくないか？」という自問のフィルターを通せば、言葉のトゲやカドといった〝雑味〟が取れて、言葉はまるくなります。

そうすることで、時代に合わせたコミュニケーションが取りやすくなります。

このとき、自分は冷静だっただろうか？
――「寝かせる時間」の重要さ

友人からの失礼なメールに腹が立って、怒りに任せて書いたこちらの言い分を返信したら事態が悪化して収拾がつかなくなった。

深夜、酔っ払った勢いのまま何となく返信してしまったメールを翌日読んで、「こんなことを書かなきゃよかった」と後悔した。

夜中、気持ちが高ぶって思わず書いたラブレター。でも翌朝冷静になって読んだら顔から火が出るほど恥ずかしい内容で、「出さなくてよかった」と胸をなでおろした――。

このように感情のコントロールが効きにくい状況下では、相手の言葉に過剰反応したり、いつも以上にテンションが上がったりと、冷静さに欠けてしまうもの。あとから読み返すと、「なんでこんなこと」という余計なことを書き連ねていることもよくあります。

とくに不用意な言葉を引き出すトリガーになりやすいのが「怒り」の感情です。先の例にも挙げましたが、カッと頭に血がのぼっていると、つい「売り言葉に買い言葉」となって感情的に言い返してしまいがち。でもそうすると相手もカチンときて、さらに売り言葉を仕掛けてくる。このループに陥ったら、あとはこじれるばかりです。

また、感情的になって過剰な言葉を用いて反撃してしまうと、相手に非があっても外野からは「どっちもどっち」という評価をされかねません。それどころか自分のほうが不利になってしまうことさえあるのです。

断言します。「キレて即レス」は、絶対にロクな結果になりません。

だからこそ、場の勢いや感情に流されて書いたメールなどはすぐに返信せず、時間をおいて頭を冷やしてから再度読み返すというプロセスを設けるべきなのです。

アンガーマネジメント的には「怒りの勘定ピークは６秒で、その後は弱まっていく」と言われます。なのでカチンと来たら「６つ」数えれば冷静さを取り戻せるのです。ちなみに「６秒」という中途半端な時間は、怒りによる脳内でのアドレナリンの分泌が６秒でピークを迎えるからだと言われています。

ただ、頭に来ていると人は数字を数えるスピードも速くなります。そのため実際に６秒待つためには「10まで数える」くらいがちょうどいいでしょう。

そうやって数を数えながら「まあ、落ち着いて冷静に」と自分に言い聞かせる。わずか６秒たらずでも、自問する時間を設ければ「即ギレからの大トラブル」の発生率を下げることができるというわけです。

書き上げた文章の字句や表現を何度も読み直し、練り直し、修正を重ねていくことを「推敲《すいこう》」といいます。とくに本を出版するときには、ていねいな推敲が欠かせません。

そしてそれは、メールやSNSでも同じです。こうした時代ゆえに、メールやラインのメッセージには、反射的に「すぐに返信しなきゃ」と思ってしまうかもしれません。

SNSの「既読スルー（既読が付いたのに返事がない）問題」の影響などもあって、早く返信しなければ失礼に当たると考えている人もいるでしょう。でも、あわてて送った即レスがトラブルを招くケースも少なくありません。だからこそ、

「これを書いたとき、自分は感情的になっていなかったか？」

「勢い任せで、おかしなことを書いていないか？」


冷静になって、書いたメールを自問しながら推敲することを心がけていただきたい。

自問力とは、冷静な自分を取り戻す「自制力」でもあります。こうして一度〝寝か

せて〟自問の時間をつくることは、言葉のトラブルから自分自身を守ることにもなるのです。

速さ（スピード）と慎重さ（自問）は両立できる？

現代はスピード重視の時代で、何かにつけて「速いこと」が求められています。ビジネスに目を向けても「即断、即決、即行動」を実行できる人材が優秀だと評価され、書店には「すぐやる」ことの重要性を語る書籍が並び、時間の価値の最大化を目指す「タイムパフォーマンス（タイパ）」という概念が注目されています。

「スピード感が大事」という考え方には私も賛成です。ただ「何でもかんでも速ければいいか」というと、それは違うのではないかというのが私のスタンスです。

即断即決即行動はいいことなのですが、そこで「即」を追うばかりに慎重さが置き去りにされてしまっては本末転倒だからです。

スピードばかりに偏重すると人は深く考えなくなります。確認や見直しといった作業の優先順位を下げるようになります。

つまり、「これで本当に大丈夫か」という自問をしなくなるのです。なぜなら、それをしていると遅くなるからです。

とくにビジネスの世界では「巧遅は拙速に如かず（上手でも遅いより、下手でも速いほうがいい）」（『孫子』の言葉）をよしとする傾向があります。

ただ、それは「軽挙妄動を容認する」とか、「雑でも中途半端でも何だろうが、速ければいい」ということではありません。拙さも程度問題だということです。

結局のところ、スピードと慎重さ（正確さ）の両立、「じっくり、でもなるべく速く。急いで、でもできるだけ正確に」が求められているのです。

では、両者をどう両立させればいいのか。そこには、まず慎重さに重点を置き、後にスピードを上げていくという意識が必要なのではないでしょうか。

重要視されるべきは「慎重さとのバランスのなかでのスピード」「慎重さを担保するためのスピード感」だと私は考えています。

本来のスピード感とは「浅慮・短慮によるミスを避けるための自問や見直しにかける時間を確保するために速く行動すること」であるべきでしょう。

スピード感をもった行動で、自問の時間をつくる。これが速さと慎重さの両立の最適解と言えるかもしれません。

これは信用できる正しい情報なのか？——ネットリテラシーという自問

ＳＮＳやインターネットには「誰もが不特定多数に向けて情報を発信できる」だけ

でなく「世界中のあらゆる情報を受け取れる」という側面もあります。

私たちはインターネットの普及のおかげで、情報の「発信者」にも「受信者」にもなれるということです。

インターネットという〝海〟には、膨大な情報があふれており、私たちはスマホやパソコンを介して、いとも簡単に必要な情報を手に入れることができる。非常に便利な時代になったことには異論をはさむ余地がありません。

ただ、情報の受信者として常に意識しなければいけないことがひとつあります。それは、インターネット上にある情報は、「すべてが信頼できるとは限らない」ということです。

もちろん、しっかりした裏付けがあって信頼のおける正しい情報もたくさんあります。しかし一方で、単なる思い込みや勘違い、誤解のような根拠のない情報が、精査もされずにそのままアップされていることも。さらには意図的な虚偽や捏造など悪意を持って拡散された情報もあります。そのどれもが一緒くたになってひしめき合っているのがインターネットの世界なのです。

まさに玉石混淆《こんこう》。そこから必要な情報を手に入れようと思ったら、自分自身で「玉（正しい情報）か、石（間違った情報）か」を判断し、選択しなければなりません。そのとき、まず最初に求められるのが、

「これは信用できる正しい情報なのか？」

という自分への問いになります。

押し寄せてくる膨大な情報を冷静に選り分け、真偽を見極めて、石ではなく「玉」を手に入れる。そのために自問する習慣とは、すなわち現代社会に生きるすべての者が身につけるべき「ネットリテラシー」の基本姿勢に他ならないのです。

この情報に根拠はあるのか？
――ネット情報は「まず疑う」「裏を取る」

インターネットに渦巻く情報を見極める自問（ネットリテラシー）の本質は、「まず一度、疑ってみる」ことにあります。つまり「鵜呑みにしない」ということです。

情報を前にしたときに、「本当にそうなのか？」「根拠はあるのか？」「どこから出てきた情報なのか？」などと、最初はとりあえず全部疑ってみる。

そこからさらに「どことなく怪しそうだけどウソじゃないのか？」「眉唾っぽいから真に受けないほうがよくないか？」と、その疑いをさらに広げていく。

常にこうした「疑いの自問」というフィルターを通して情報を見る習慣をつけることが、「石」をつかまされない〝情報の目利き〟のスキルを高めていくのです。

疑うことによって「正しいもの」を見極めるというネットリテラシーのアプローチ

は、フランスの哲学者ルネ・デカルトの思考法に通じるものがあります。

デカルトは、疑わしきものすべてを極限まで疑い、疑い抜いた先に残る「確実なもの」への到達を目指す「方法的懐疑」という思考法を用いて真理を見出そうとしました。

そしてあらゆるものを疑って疑い尽くした結果、「確実なのは、今こうして疑っている自分自身の存在だ」という結論にたどり着きます。

情報を鵜呑みにするのではなく、まず疑う。少しでも疑いがある情報は排除し、まったく疑いのない情報だけを選択する。

「我思う、故に我あり」の名言は、デカルトが到達したこの真理を言い表しています。

とはいえこの情報過多の時代、「１００％疑いのない正確な情報だけを選べ」と言われても、それはそれで容易なことではありません。

ただ、できる範囲で「裏を取る」ことはできます。

福沢諭吉が残した名言として知られている、次の7か条の文言からなる『福沢諭吉の心訓《しんくん》（福沢心訓七則）』をご存じでしょうか。

一、世の中で一番楽しく立派な事は、一生涯を貫く仕事を持つという事です。
一、世の中で一番みじめな事は、人間として教養のない事です。
一、世の中で一番さびしい事は、する仕事のない事です。
一、世の中で一番みにくい事は、他人の生活をうらやむ事です。
一、世の中で一番尊い事は、人の為に奉仕して決して恩にきせない事です。
一、世の中で一番美しい事は、全ての物に愛情を持つ事です。
一、世の中で一番悲しい事は、うそをつく事です。

かつて私が福沢諭吉に関する本を書いていたとき、この『心訓』についても取り上げるかどうか検討したことがあります。

そのとき、私のなかにふと「ひとつの問い」が浮かんできたのです。それは、

「これは、本当に福沢諭吉が書いたものなのだろうか？」

という、ものすごく根源的な問いでした。

実は、最初に『福沢諭吉の心訓』を読んだときに「なんか変だな」という違和感を覚えていたのです。本を書くときはいつも文語体を使っている諭吉が、ここでは「ですます」調の口語体を使っている。それが「何だか変」の正体でした。

試しにインターネットで調べてみたら、やはり

「『福沢諭吉の心訓』は福沢諭吉が書いたものではない」

「福沢諭吉が書いたのかもしれないけれど、その根拠がない」

といった、諭吉が書いたものではないと指摘する書き込みがいくつも見つかりました。

インターネットでの検索も、何重にもやっていくと、「これは怪しい」ということ

が見えてきます。

もちろん鵜呑みにはできませんが、そうした書き込みが多いということは、この件に関して「怪しい」と思っている人が少なくないことはわかります。

それらを見たことで、

「本当に諭吉が書いているのか？」

「こんな怪しいものを自分の本に載せるのはマズいんじゃないか？」

という疑問と自問はさらに深まっていきました。


そこで私はどうしたか。ネット情報に頼るのではなく、自分でできるかぎり事の真偽を調べて裏を取ることにしたのです。

やるなら徹底的にと、信用度の高い活字情報である『福沢諭吉全集』を隅から隅まですべてチェックしたのですが、結局『心訓』に該当する言葉や、それに関する記述は見つかりませんでした。

私が個人でできる範囲の裏取り作業でしたが、それでも「疑わしきは扱わず」。ここまで裏を取っても怪しいのであれば、一般に流通させる本に載せるべきではないと判断し、『福沢諭吉の心訓』を取り上げるのは止めにしたのです。

前向きに疑って事の真偽を追求する。怪しきは、疑わしきは裏を取る。それでも怪しいものは信用しない。こうした「疑う&裏を取る」姿勢は、インターネットという情報の大海原で溺れないために不可欠なリスクヘッジとなるでしょう。

もし自分ならどう感じるだろう？——自問と想像力がもたらす当事者意識

「ちょっとふざけただけで、悪気はなかった」
「ほんの冗談のつもりで、イジッただけ」

「こんなに大事になることだとは思わなかった」

ＳＮＳでの誹謗《ひぼう》中傷、不適切な失言や暴言、いじめなど、誰かを傷つけたり不快にさせたり、損害をもたらしたりするトラブルを引き起こした人たちは、決まってこうした弁明や釈明を口にします。

そんなコメントを聞くたびに痛感するのは「自問し、想像する力」の大切さです。なぜ「こんなことをしたら相手は傷つくんじゃないか？」と自問しないのか。なぜ「自分が相手の立場だったらどんな気持ちになるだろう？」と想像しないのか、と。

こうしたトラブルの多くは、「もし自分がされたらどう感じるか」という想像力の欠如、自問力の欠如に起因するのではないかと私は考えています。

相手の身になって、相手の立場に立って考える。これは社会のなかで生きていくために忘れてはいけない、人としての基本となる考え方です。

孔子も『論語』のなかで「己の欲せざる所、人に施すこと勿れ（自分がされて嫌だと思うことは、他人にもしてはいけない）」と言っています。さらに、この原理こそ一生をかけて実行していく徳行なのだとも言っているのです。

こうした考え方は、ものごとを他人事ではなく、常に自分自身のことに置き換えて取り組む「当事者意識」の姿勢と捉えることもできるでしょう。

みなさんは、自分が持っているナイフを人に手渡すとき、「自分の方に刃を向けて、相手に柄の部分を差し出す」と思います。

なぜそうするのか。それは、むき出しの刃のほうを向けると、相手にケガをさせてしまう恐れがあるからではありませんか。

そこには「もし自分が刃のほうから渡されたら危ないんじゃないか？」という想像力が働いているはず。これが相手の身になって考えるということなのです。

言葉だって同じこと。便利だけれど使い方を間違えれば凶器になるという意味で、言葉もナイフに例えられることがあります。

言葉のナイフのやりとりでも、常に渡される側の身になって考え、相手を傷つけないように気を配る。これが傷つけず、傷つけられないコミュニケーションの基本なのです。

もし誰かに向けてネガティブな言葉を発したくなったときに、

「これを自分が言われたらどう思うだろう？」
「自分が言われる側の当事者だとしたら、どう思うだろう？」

「きっと悲しくなるに違いない。悔しい気持ちになると思う――」

という自問と想像ができれば、勢いや感情に任せて振り回す「言葉のナイフ」を収めることができるはず。相手を傷つけたり、その後悔で自分が苦しむことも避けられます。

誰もが自由に言いたいことを言える時代、思ったことをそのまま言葉にして発信できる時代です。それは素晴らしいことです。とくにＳＮＳの世界で行き交う膨大な言葉は、流行をつくり出したり、社会や政治、経済にまで影響を与えたりするほどの力を持っています。

しかし言葉は、それ以上に、誰かをたやすく傷つけ、追い込み、叩きのめしてしまう大きな「負の力」を有していることもまた事実です。

それゆえにＳＮＳでもリアルでも、誰かに言葉を発するときはまず「自分が相手の立場だったら」と自分に問いかける。そして「自分なら嫌だな」と思ったら、その言葉はそのままゴミ箱に放り込む。

これだけでも人間関係やコミュニケーションは大きく変わっていくはずです。

第4章

自問力とは「自整力」

——自分の心と体を整える

自分の「体に問う」という自問

「聞く」という言葉には「他者の話に耳を傾ける」だけでなく、「内なる自分の声を聞く」という使い方もあります。

「聞く」を「貞《き》く」という文字で書き表したのが、野口体操の考案者として知られる東京芸術大学名誉教授を務められた野口三千三《みちぞう》先生です（私は野口先生が開催する「土日体操」という教室に通っていたことがあります）。

野口先生は自著のタイトルを、『野口体操　からだに貞く』と表記しました。「貞」とは「心が誠実で正しい」ことを表しますが、文字の成り立ちを掘り下げると、実はもうひとつ「占って問う」という意味もあります。

私が「体操とは占である」というのは、自分自身を存在させてくれる自然の神に

「自然とは何か、人間（自分）にとってからだとは何か、からだのあり方はこれでいいのか、この動きはこれでいいのか、骨や筋肉は、そして意識はどんな役割をもつべきものとして与えられているのか、人間にとって賢いとか力が強いとかはどんなことなのか……」、と次から次へ繰り返して、問い聴く営みなのである。自然の神は外にあるだけでなく、自分自身のからだの中身にも遍満しているから、自分のからだを動かして、からだの中身の神に問い聴くことを手がかりにすることになる。

（『野口体操　からだに貞く』　野口三千三／春秋社）

野口さんは自ら考案した野口体操を「占い」と定義して、「自分の体に問いかけ、内なる声に耳をすまして、何かしらの予兆を感じ取る営み」だと語っているのです。

体に問うて内なる声が知らせてくる〝兆し〟として真っ先に挙げられるのが、「体の異変を知らせるＳＯＳ」です。

ストレス社会と言われる現代では、仕事や人間関係などで心も体も疲れている人が少なくありません。

「何だか疲れているな」と自覚できれば休息を取るなどの対処もできますが、厄介なのは「疲れているのに自覚できていない」「体が出しているSOSサインに気がつかない」といった「隠れ疲労」がたまっているケースです。

とくにオーバーワークで無理をしていても、アドレナリンが分泌されると疲れを感じず、頭も体も動けてしまう。こうした状態こそ要注意なのです。

体に問いかけ、体が発するSOSを察知する

私にも〝ワーカホリック状態〟で疲れに気づかない時期がありました。大学を卒業してから無職時代が長く続き、明治大学教員という定職に就いたのが33歳のとき。そして『声に出して読みたい日本語』が売れてベストセラーになったのが40歳になって

からです。

本が売れたことを機に一気に仕事依頼が増えたのですが、当時、それをほぼすべて引き受けてしまったのです。

それから数年間は大忙しです。大学での講義や講演会などをこなしながら年間50冊を超える本を出し、その合間でいくつものテレビ番組にも出演する。仕事の後は学生や仕事の関係者との食事や飲み会に参加して大騒ぎする――。その時期、私は頭と体を酷使しまくる日々を過ごしていました。

学生時代にテニスをしていて体力に自信があったこともあり、そんな生活をしていても、ほとんど疲れを感じていませんでした。

でも気づかないだけで、明らかに疲れもストレスも蓄積されていたのです。それが表出するきっかけになったのは「夜中のラーメン」でした。

当時の私は、仕事や飲み会が終わると最後に必ずラーメンを食べていました。大学の近くに美味しい店があって、ほぼ毎晩そこに通って豚骨ラーメンを食べることが日課になっていたのです。

当然、太ります。50キロ台だった体重が一気に70キロを超えました。いわゆる〝激太り〟という状態です。

今にして思えば、毎晩ラーメンを食べなければ気が済まない、一日を終えられないという精神状態と激太り。これこそ、体が発するSOSだったのです。

でも当時の私は、そこで「実は今、ものすごく疲れているんじゃないだろうか？」「ストレスがたまりまくっているのではなかろうか？」という自問をしませんでした。「かなり太ってはきたけれど、これまで大きな病気などしたことがない」と高をくくって、SOSをスルーしていたのです。

案の定、徐々に体に異常が出始めました。あるときから本を読もうとしても、文字が揺らいで見えてうまく読めなくなったのです。その後、悪化し入院しました。

こうなってようやく「さすがにこれはマズい」と我に返りました。そこからはスケジュールには余裕を持たせ、むやみに仕事を受けず、過剰な負担になる仕事は勇気を持って断るようにしました。

そしてこの経験をして以来、私は常に自分の体への自問を習慣にしました。毎日「今日は疲れていないか、ストレスがたまっていないか」「字はちゃんと読めているか」「体重は激変していないか」と自分に問いかけ、自分の体の声に耳を傾ける。疲れやストレスを自覚したら、しっかり休み、ストレスを発散する。そんな生活スタイルに大転換したのです。

自分の体に問いかけてみる。これはもっとも根源的な自問とも言えます。

私の場合は身を持って痛い目にあって「体に貞《き》く」ことの大切さを学習しました。みなさんは私のようになる前に、自分の体に向き合い、自分の体の声に耳を傾けて、自分の体を守っていただきたいと思います。

遺伝子レベルで自問して、自分のストロングポイントを認識する

自分の体に問いかける自問をさらに突き詰めて「自分の遺伝子」に問うてみる――。

私は以前から、生活のなかに「自分の遺伝子に問う」という自問を取り入れています。

わかりやすい例を挙げると「自分はなぜ、こんなに朝が苦手なのか」を自分の遺伝子に問いかけて考えた時期がありました。

これまで朝の情報番組にコメンテーターとして出演しているからでしょうか、「齋藤先生は朝がお強いんですね」と言っていただくことがよくあります。

ところが実際は逆で、昔から朝は大の苦手。子どもの頃も、頭も体もなかなか目覚めてくれず、1時間目の授業に出るのにも苦労したものです。

ただ反対に、夜は子どもの頃から大得意です。いつまでも元気で起きていて、「早

く寝なさい」と言われてもなかなか寝付けない。典型的な夜型人間なのです。

「宵っ張りの朝寝坊」は大人になっても相変わらずで、「朝活」が話題になったときも理屈ではわかるけれど、実際には無理というのが私のスタンス。

そのかわり、深夜2～3時頃まで起きているのが普通で、読書や原稿執筆、趣味のスポーツ観戦などは、ほぼ夜から深夜にかけての〝私のゴールデンタイム〟に行っています。

話を戻しましょう。

そんな夜型人間の私が、改めて「自分はなぜ、こんなに朝が苦手なのか」と自問したのは、大学生時代に卒業後の就職をどうしようか考えたときです。

自分の朝の弱さを考えると、普通の会社員が務まるか大いに疑問でした。仕事内容自体はともかく、仕事以前に「朝、出社できるか」という壁があったのです。

そこで私は、こう自問しました。

「朝が弱いのは、私の意志の弱さが原因なのか」

「朝なかなか起きれないのは、起きようという気がないからなのか」

でも、子どもの頃から「起きたくない」わけでもなければ、シャキッとしたくないわけでもない。ただ、頑張って起きようとしても体が動かないし、何とか体は起きても、今度は頭が目覚めてこない。そんなことがしょっちゅうだった。ならば、朝の弱さは自分の意思ややる気とは違う次元の問題なのではないか、更なる自問を重ねます。

そこで思いついたのが「自分の遺伝子への問い」です。つまり、

「こんなに朝が弱いのは、後天的なもの（本人の意思ややる気など）なのか、それとも遺伝的要素によるものなのか」

というものです。そしてよく考えてみたら、私の父親も朝が苦手で夜は強い人でした。さらに父方のおばあさんも明治生まれの人にしては珍しく朝が弱かったのです。

それを知った私は「朝の弱さと夜の強さは、祖母から父、自分へと受け継がれてきた遺伝的な体質なのではないか。ならば致し方ないのではないか」という自分なりの結論に至りました。「朝型の生活が向かない人もいるよな」「遺伝的に夜型の人間が朝型を目指しても無理だよな」と。

ならば遺伝子に逆らわず、むしろ〝全肯定〟しよう。「朝はダメでも夜はかなり強い」のが遺伝子に書き込まれた自分のストロングポイントなのだから、それを活かして夜にできる仕事に就けばいい。そういう仕事って何だろうと考えたのです。

そして、研究者という立場の仕事を目指して、結果、今現在に至っています。

最終的に就職した明治大学には当時2部（夜間部）がありました。夜10時頃まで授業もあったのですが、「これこそ私向けの仕事」とばかり、その授業を率先して担当したものです。授業が終わり、そこから学生たちと居酒屋で朝まで飲んで騒ぐこともしょっちゅう。完全な夜型人間にはまさに願ったりかなったりの仕事だったのです。

これからの働き方は、今にも増してフレキシブルになっていくでしょう。どうしても性に合わない仕事を「仕事だから」と無理してやらなくてもいい。人とのコミュニケーションが苦手な人は我慢して対人作業をしても上手くいかないし、数字がダメな人が大きなストレスを感じながら数字データを扱うのはマイナスでしかない。ウイークポイントを改善する以上に、自分の「ストロングポイント」を活かして自分らしく仕事をするべきという時代になってきています。

そのとき必要なのが、ストロングポイントとウイークポイントを自覚し、それを「自分はそういうタイプだ」と肯定する、というプロセスになります。そこで一度、自分の向き不向きや得手不得手を「遺伝子」という視点で自問してみるのです。

親譲りで手先だけは器用とか。数字に強かった祖父母の血を引いているとか。大阪生まれで口は達者だとか。子どもの頃からショートスリーパーで多少寝なくても大丈夫とか。生まれつき高いところはどうしても苦手とか。

もしかしたら思わぬストロングポイントを知って、自分の働き方や生き方に新たな道が見えてくるかもしれません。

私の場合、実際遺伝子を科学的に調べたわけではなく、父母、祖父母の特徴と自分を照らし合わせているだけですが、自分を納得させるやり方になっています。

これからのキャリア戦略、人生戦略は「遺伝子レベルで自問する」時代。ぜひ試してみていただきたいと思います。

自分の感情を「身体感覚」に置き換えて明確化する「フォーカシング」

なぜか心が晴れない。何となくイライラする。どことなく落ち着かない――。上手く言葉にできないモヤモヤした感覚に、ふととらわれてしまうことはありませんか。

こうした体で感じるモヤモヤ感を鎮《しず》めるには「今の自分が抱えているのはどんな感情なのか？」を自問し、明確にして自分自身の問題点を探る必要があります。

そのためのアプローチとして知られているのが、アメリカの臨床心理学者ユージン・ジェンドリンが提唱する「フォーカシング」という手法です。

フォーカシングとは、体で感じた漠然とした感覚（不快感や違和感など）を手掛かりにして、その奥に隠された真の感情を探っていく心理療法のこと。

「あの同僚を見ていると、胸の奥がつかえてモヤモヤしてくる」
「あの上司に呼ばれると、胃のあたりがムカムカした感じになる」

こうした経験をしたことがある人もいるかと思います。人間の「心」と「体」は、実に密接につながっているのです。

この例にある「胸の奥がモヤモヤ」「胃のあたりがムカムカ」といった微妙な感情は「フェルトセンス」と呼ばれています。

このフェルトセンス（体が覚える感覚）に意識を向け、それを通じて自分自身への理解を深める。これがフォーカシングの基本となります。

例えば、「仕事で成功した同僚を祝福しているはずなのに、彼を見ると何だか胸のあたりがモヤモヤしている」――。そんな身体感覚を覚えたら、「自分が今はどんな感情を持ってるのだろう？」と自問します。

すると「これって同年代の成功への嫉妬じゃないか？」「彼の成功を心から喜んでいないのではないか」といった自己の感情に気づく。

胃のあたりのムカムカ感は、「自分のなかの苦手意識の現れ」だと気づく。

こうして感情の正体が明確に言語化されると、気持ちが楽になるのです。

人間の無意識な感情は形がありません。だから扱いにくい。でもフェルトセンス（体が覚える感覚）という識別可能な感覚に置き換えれば、格段に扱いやすくなります。

そして、それを言語する漠然とした感情の正体が見えれば、それだけでもザワついた心が鎮まることもあるのです。

人間、「頭で考えている」だけでは間違えるかもしれません。だから「体」がどう感じているかを聞いてみる。私たちの体は、ときに頭や心よりも雄弁だったりするものです。

「上虚下実」を体に問うことで、自然体を手に入れる

大きな大会に出場するアスリートたちが、よく「自然体で臨みたい」という表現でコメントを出します。自然体とは「気負わず、力まず、ありのまま普段どおり」という心と体の構えのことです。

みなさんも大事な試合や試験、人前での発表やスピーチなどを前にしたとき、

「普段どおりにやればいいんだ」

「自然体で臨めば大丈夫」

などと、自分に言い聞かせることがあると思います。

ただ一方で、「自然体でいるのはなかなか難しい」と感じている人も少なくないはず。「自然体でいよう」「自然体になっているだろうか」と考えるほど、自然体から遠ざかってしまうという経験のある人もいるでしょう。

でも私は、自然体とは意識さえすれば誰でも獲得できる身体技能、つまり「技」だと考えています。

一般的なイメージでは「自然体とは心の構え、心の持ちよう」だと捉えられがち。しかし大事なのは、まず「体の構え」をつくることなのです。言ってみれば、「気負いのない心は、気負いのない体に宿る」ということです。

捉えどころのない心の構えをつくる前に、まず「体の構え」のつくり方を身につける。体が自然体になれば、それに見合った「心の構え」も備わってくるのです。

では、「リラックスして、なおかつ集中している」という体の構えとは、具体的にどういうものでしょうか。

以前に出した『自然体のつくり方』という本で、「技として身につける体の構えとしての自然体」について、

上半身の力は抜けていて、下半身には地に足がついた力強さと粘り強さがあり、腰は決まっていて肚《はら》ができている。中心軸がすっきりととおっていて、息は深くゆるやかで、精神的にはリラックスしているが集中した状態である。

（『自然体のつくり方』齋藤孝／角川文庫）


と定義しました。これをひと言で言い表すと「上虚下実《じょうきょかじつ》」という状態です。

上虚には「上半身は力が抜けている＝柔軟性があってリラックスしている」、下実には「下半身は力が充実して、どっしりと安定感がある」という意味があります。

おへそを中心とすれば、おへその上は力が抜けていて、おへその下は充実している

のが上虚下実です。

つまり、上虚下実とは「へそのあたり（臍下丹田）に力が入ってしっかり重心が定まり、その上にしなやかな上半身が乗っている」という状態のことになります。動じない安定感がありつつ周囲の状況にも柔軟に対応できる――。この姿勢こそ、まさに体の構えとしての自然体と言えるのです。

「ありのままの自然体で臨みたい」という状況に直面したときは、「落ち着かなきゃ」「緊張しちゃダメ」などと考える前にまず、

「今、自分の体は上虚下実になっているだろうか」

を自問してみてください。

上半身は脱力できているだろうか。肩に力は入っていないだろうか。お腹周りがグラついていないだろうか。自分の体の構えに意識を向けてみてください。

次第に心も落ち着いて、勇気や度胸が湧き出てくるでしょう。

体に問いかけ、体の構えとしての自然体を意識することで、そこに宿る「心」もまた自然体へと近づいていく。「自然体は技」とは、こういうことなのです。

軽ジャンプと深呼吸で自分を自然体へと誘導する

私は、これまでも数多くのテレビ番組に出演していますが、番組収録に臨む前に、毎回必ず行っているルーティンがあります。それは「軽ジャンプ」と「丹田呼吸法」の2つです。

「あと○分で本番です」と声がかかると、楽屋やスタジオの端でまずジャンプします。時間にして5秒ほど、回数にしても5回程度。トントンと飛び跳ねるくらいの本当に「軽いジャンプ」です。

これだけで肩の力がフワッと抜けて、体、とくに上半身のこわばりがほぐれてきます。つまり「上虚」状態が出来上がるわけです。すると不思議なもので、緊張気味だった心のこわばりまでほぐれてきます。

次は２つめのルーティンである「丹田呼吸法」です。

まず、おへそから指３本分ほど下の下腹部（臍下丹田と呼ばれる場所）に手を当てて、「ここが自分の体の中心だ」と自分に言い聞かせます。

そして鼻から３秒間息を吸い、２秒間お腹のなかに息を溜め、15秒かけて口からゆっくり、フーッと吐き出します。時間がなければ、軽く吸って、丹田に手を当てて一息吐きます。

すると下半身（臍下丹田）がずっしりと安定して「下実」の状態になってきます。同時に「よし、やるぞ」「さあ、行くぞ」という前向きな気持ちになってくるのです。

ジャンプ&呼吸という体へのアプローチで、自らの心のバランスを整える。これも自分との対話と言えるでしょう。

簡単なルーティンですが、自分の体と心が「上虚下実の自然体」状態に仕上がってくるはず。緊張や不安を感じる時、「軽ジャンプと丹田呼吸」、おすすめです。

成功者は「自分と向き合う時間」を確保している

マイクロソフトの創業者ビル・ゲイツ氏は年に2回、日常業務をシャットアウトして1週間ほど別荘にこもる「Think Week（考える週）」を習慣にしているといいます。その間は　側近はおろか家族とさえも連絡を取らず、仕事や人生に関わる重要な課題について検討・決断したり、本や論文を読みふけって思考を深めたりと、ひたすら自分と向き合う時間にしているといいます。

また元ソニー会長の出井伸之氏も「1人になる時間」を大切にしていました。著書『変わり続ける』のなかで「ビジネスパーソンは仕事の時間と家庭の時間以外に、1人になってじっくり考える〝第3の時間〟を強制的にでもつくるべき」と語っています。

周囲のあらゆる雑音や雑事、雑念から完全隔離された「何ものにも煩わされない１人だけの場所と時間」をつくり、そこで自分自身とじっくり向き合う。ザワついている外の世界とのつながりを遮断して、内なる自分と対話をする。

先の２人に限らず、一流と呼ばれる人のなかには「自分だけの時間、自分だけの場所」の存在を重要視している人が少なくありません。

こうした自分に向き合う時間は、近年よく耳にする「マインドフルネス」にも通じるものがあるように思います。

マインドフルネスとは瞑想などの手法によって、「今、この瞬間の自分」に集中している状態になること。

自分が今やっていることや感じていること、考えていることなどをありのままに客観視することで自己理解を深めるアプローチです。

雑念を排除して自分自身に向き合うという意味ではビル・ゲイツ氏の「Think

Week」も、出井伸之氏の「第3の時間」も、マインドフルネスに近い習慣と考えられます。

そもそもマインドフルネスは、アップル創業者のスティーブ・ジョブズ氏が瞑想を実践していたことで着目され、一気に世界的な流行となった経緯があります。

やはり世界の一流は「自分と向き合う重要さ」を知っていたということでしょう。

ゲイツ氏のように別荘で1週間とまではいかなくても、たとえ数時間でも、仕事や日常生活のスケジュールに「自分に向き合う時間」を設けることはできるはず。

まずはそうした「自問の時間」を見つけることから始めてみてはいかがでしょうか。

第5章

「自問する力」を伸ばす

――自問のワザ化と習慣化

自分への問いは「メタ認知＝自己観察」から始まる

メタ認知という言葉をご存じでしょうか。心理学や脳科学などの分野で使われる用語で、「自分の認知活動（行動や思考、感情など）を客観的に把握すること」を意味します。平たく言えば「あたかも〝もうひとりの自分〟が見ているかのように自分自身を客観視し、冷静に観察すること」でもあります。

古代ギリシャの哲学者ソクラテスが唱えた「無知の知（知らないということを知っている）」という概念にも通じるメタ認知は、自己認知力の向上や自己成長、自己実現のために欠かせない重要な考え方とされています。

例えば、プレゼンやスピーチをしている最中に、「今、緊張してすごく早口になっちゃってるな」と気づく。失礼な物言いの相手に腹を立てながら、ふと「自分は顔に出やすいから今、すごく不機嫌な顔をしてるだろうな」と思う。こうした経験はありませんか。

どこかに〝もうひとりの自分〟がいて、緊張したり早口になったり、不機嫌になったりしている自分自身をモニタリング（冷静で客観的な観察）している。これはまさにメタ認知が働いているケースと言えるでしょう。

そして自分に問いかける力（自問力）とは、メタ認知の能力を高める非常に重要なファクターになります。なぜなら自問自答とは、自己観察すなわち〝もうひとりの自分〟と対話をすることだからです。

メタ認知で「自分の感情や思考、行動、置かれている状況」をセルフモニタリング（自己観察）し、次にもうひとりの自分の視点から「どうすればいいのか」を自問自答する。

先の例なら、

自分は今、緊張して早口になっている　↓　どうすればいいだろう?　↓　とにかく口を大きく開けて一語一語をはっきり話そう。

腹が立って不機嫌な顔になっている　↓　さすがに顔に出すのはマズいんじゃないか?　↓　一度、深呼吸して、怒りのスイッチをオフにしよう

こうした「メタ認知と自問自答のセット」という思考プロセスを意識することで、状況や感情に流されない冷静な言動や判断、選択などが可能になるのです。

心のなかに「リトル自分」を持ち、常に問いかける

サッカー元日本代表の本田圭佑さんが、２０１４年にイタリア１部リーグの「ＡＣミラン」への移籍を決めた際、その理由を「どのクラブでプレーしたいのか、心のなかの〝リトル本田〟に聞いてみた」という独特の表現で語って話題になりました。

彼の言う「リトル本田」とは、つまり「自分のなかにいるもうひとりの自分」のこと。当時、複数のクラブからのオファーがあったなか、冷静な選択をするために自分を客観的に見ている〝もうひとりの自分〟に自問した――。この「リトル本田」発言は、おもしろおかしく取り上げられたこともあったそうですが、私は自己客観視の本質を、彼らしく、しかもわかりやすく言語化した表現だと思っています。

そして自問力を高めるには、誰もが心のなかに自分を客観視し、自分をモニタリングする「それぞれのリトル〇〇＝もうひとりの自分」を持つことが非常に重要になります。

私なら「リトル齋藤」を、山田さんなら「リトル山田」を持って、ことあるたびに問いかける。各々のリトルが、自問の相手になるのです。

この〝内なるリトル〟と自問する習慣は、自分の感情や言動をコントロールする自制力の向上にもつながります。

例えば、感情に任せてSNSに投稿しそうになったときに、ひと呼吸おいて心のなかの自分のリトルに聞いてみましょう。

「頭にきたから、文句言ってやりたいんだけど」と。すると冷静なリトルは、

「気持ちはわかるけれど、さすがに言い過ぎだと思わないか？」

「本当にそんなこと思っているのか？」

「こんなの送ったら、人間関係が終わっちゃうんじゃないか？」

こんなふうに問い返してくるでしょう。それを聞いて自分は、

「確かに、こんなこと書いたら傷つくに違いない」
「ちょっと気が立ってたから、過剰反応しちゃってるかもしれない」
「いや、絶交しようなんて思っていないんだよ」

と気づいて我に返り、投稿を思いとどまるかもしれません。
自分のリトルと自問する習慣があれば、人は理性と冷静を取り戻すことができます。
不適切な炎上も、余計な失言も未然に防ぐことが可能になります。
内なるリトルの存在は、人間関係のトラブルの大きな抑止力になるのです。

鏡のなかの「自分」に問いかける

〝もうひとりの自分＝自分のリトル〟の視点で自分を客観視し、自己観察することは、自問力を高め、感情や言動を慎み、整えるための最適解とも言えるでしょう。

ただ、それは言うほど易しくはないかもしれません。なぜなら、もうひとりの自分は目に見えないからです。でも、実体のないもうひとりの自分を〝可視化〟する簡単な方法がひとつあります。それは「鏡を見る」ことです。

お酒を飲んで酔っ払ったとき、トイレに行ってふと鏡を見て我に返り、「かなり酔っ払っている。大丈夫か？」「飲み過ぎた。このへんにしておこう」などと自問し、自省するということがあります。

「これ素敵！」と思った洋服でも、試着して鏡を見ると「自分にはちょっと子どもっぽいかな」「私には派手かも」と冷静に自問することもあるでしょう。

鏡に映った自分の姿を見る。それは「もうひとりの自分」の視点から、今の自分自身の姿を客観視するということです。鏡を使って目に見える自分自身と対話（自問自答）することで心が整い、本来の感情や思考を取り戻すことができる。それは、まさにメタ認知の状態にほかなりません。

アップルの創業者スティーブ・ジョブズは、毎朝、鏡を見て「今日が人生最後だとしたら、今日やることは本当にやりたいことだろうか」と自問したといいます。「NO」という答えが続いたら、何かを変える必要があるということなのだと。彼は、鏡のなかのもうひとりの自分に問うことを自己成長につなげていったのです。

ファッションブランド「シャネル」の創業者ココ・シャネルも、鏡に映った自分の姿を見る習慣を持っていたと言われています。

華やかな業界の第一線で活躍していた彼女は、ひとり鏡の前で自分自身と向き合い、自分を取り戻す時間をとても大切にしていました。

自分が主催したパーティの場でさえ、ふと「ひとりになりたい」と思うとゲストを帰してパーティを取りやめてまで、鏡を見つめていたのだそうです。

鏡のなかの自分に自問する時間は、伝説のファッションデザイナーとしての彼女にとって何ものにも代えがたい大切な時間だったのではないでしょうか。

フランスの精神分析家ジャック・ラカンは、幼児が生後6カ月から18カ月の、鏡に映った自分の姿を「自分」と認めるようになる時期を「鏡像段階」と名付けました。鏡に映る自分を見て自分のイメージをつくりあげる鏡像段階は、自我の認識や自己形成にとって非常に重要なプロセスだと考えられています。

誰もがこうした幼児体験を経てきていると考えれば、鏡のなかの「自分」を見て自分を認知し自問自答することは、至極自然な本能的行動なのかもしれません。毎日鏡に向き合うことは身だしなみだけでなく、心を整える習慣でもあるのです。

「もの言わぬ何か」に話しかける

自問を習慣化する方法のひとつとしておすすめしたいのが「答えてくれないものに聞いてみる」ことです。

元プロ野球選手の桑田真澄さんは現役時代、ここぞの場面では投球前に「ボールに何か呟いていた」といいます。「前の打席はフォークボールで打ち取ったから、ここも絶対にフォークボールを警戒するはず。だから外角のカーブを引っ掛けさせてゲッツーを取ろう」などと自分に言い聞かせていたのだとか。

ただのボールが、返事などしてくれるはずもありません。しかし心のなかで思うだけでなく、ボールという相手に話しかけることで、自分の思考をより冷静に整理し、確固たる覚悟を決める。これが桑田さん流の自己コントロール術だったのでしょう。

ペットとの会話が癒しになっているという人は多いと思います。

また「会社で嫌なことがあると、家でワンちゃんに相談を持ちかける」「仕事で悩んでいるときは飼っている熱帯魚に打ち明ける」という人も少なくないでしょう。私も犬を飼っている身として、その気持ちはよくわかります。

もちろん動物たちが何かアドバイスしてくれるわけではありません。でも、一方通行だからこそ本音も言えるし、冷静にもなれる。
すると心が整って、抱えていた問題も何となく整理されてくるでしょう。なぜなら
その人は、ペットに話しかけながら、実は自分自身と対話しているからです。
また、自分に向き合いたいときは観葉植物に話しかけるという人もいます。
人は自然と触れ合うと心が穏やかになり、視野が広がり、ものごとをより深く洞察
できるようになるものです。
スマホやタブレットの普及で四六時中デジタルツールに囲まれ続けているからこそ、
自然との対話が心を整えてくれるのかもしれません。
自宅の観葉植物に水をやりながら、ひとり語りで自分の心情を打ち明ける。答えて
はくれなくても話しかけているだけで自分の感情に変化が現れることもあります。ふ
と思わぬ気づきが生まれることもあります。
余談ですが「植物は話しかけるとよく育つ。成長が早まる」とも言われています。
もしかしたら、返事をしないだけで植物にはこちらの声が聞こえているのかもしれま

せん。

ともあれ「答えてこない相手」「もの言わぬ相手」に話しかけ、思いを吐露することもまた、自問のひとつの形と言えるでしょう。

先の「鏡を見る」もそうですが、〝内なる自分〟と向き合うための媒介となる自分なりの「もの言わぬ何か」を持つことは、自問の習慣化のハードルをグンと低くしてくれます。

仏壇は古来からの「自問装置」

自問の媒介となる「もの言わぬ存在」の絶対的最終形が「神様、仏様」です。

古来から人間の自問力を恒常的に鍛えてくれるもの、それが神であり、信仰でした。

神様が見ている、仏様が見ている、お天道様が見ている。そうした世界で自分はどうあるべきか、何をすべきか、どう生きるべきか——。信仰とは、こうした自問を続けていくことであり、神に祈る時間、仏様にお参りする時間は、自問する時間なのです。

みなさんも初詣や願掛けなどで神社仏閣にお参りに行く機会があるでしょう。教会に礼拝に行くひともいらっしゃるでしょう。瞑目して、静かに手を合わせ、

「自らの穢《けが》れをお祓いください、お清めください」

「災いからお守りください」

「願いを叶えてください」

などとお願いすると思います。

でも、神様は直接的にひとりひとりの願いを叶えてくれるわけではありません。極端な話、例えば「腰痛を治してください」とお願いしても、神様が出てきてハンドパワーで痛みを取り除いてくれたり、魔法の湿布薬を届けてくれたりするはずもありません。それは誰しもが承知していることです。

それでもなお、私たちが神に祈り、願うのは「自分自身でその願いを叶える一歩を踏み出すため」なのではないでしょうか。「経営の神様」と呼ばれた松下幸之助さんは、祈りについて次のような言葉を残しています。

祈りは、自分の心を清純にして、小知小才に頼らず、素直に、与えられた自分の生命力を完全に生かしきるために行うのだと思います。（中略）自分の我欲を捨て、清純な心になって、この力を素直に発現させるために、「祈り」ということを行うのです。ちょうど鏡の前に立って、自分の身の容姿を直すのと同じように、自分の心の容姿を正すために「祈り」があるわけです。

（『松下幸之助発言集37』ＰＨＰ研究所）

神への畏敬の念とその存在への祈りを通じて、自分の願いごとを自問・自認し、そのために自分の行動を変え、生き方を変える。それがお参り（祈り）の本質なのではないか、私もそう思うのです。

仏壇やお墓にお参りして亡くなった人に話しかける。これもまた自問です。亡くなった人が言葉を返してくれるはずがないことはわかっています。

それでも、その人の魂の存在を信じて手を合わせ、自分の心の内を語りかける。人々はそうやってずっと、亡くなった人を偲びながら、同時に自分自身とも向き合ってきました。

また、ご先祖をお祀りしている仏壇やお墓にお参りすることは、いわば自分のDNAと対話することとも言えます。それは自分という存在の根拠、アイデンティティにまで遡って生き方を自問することでもあるのです。

そうした意味では、神様や仏様が祀られた神社仏閣や教会、故人の魂が宿る仏壇やお墓などは、お参りする人にとって内なる自分への問いを促す「自問装置」でもあると言えるのではないでしょうか。

最近では仏壇のある家も少なくなっています。ない場合は、形見の品に語りかけるのでもいい。故人やご先祖への感謝と自分自身の心の安寧のためにも、ぜひ自分に向き合う時間を大事にしていただきたいと思います。

また神様や仏様に祈り、願いをかけることも「神を信じる信じない」「信じているのはどの神か」より、自分自身を深く知る機会として意味のあることだと考えます。

「紙に書き出す」ことで自問のハードルを下げる

自分と向き合う力、自分に問いかける力を育てるために、ぜひ実践していただきたいのが「言葉にして、書き出す」という方法です。なぜなら「書く」という行為は、自分の内なる思いを明確化する強力な武器であり、それは「自問すること」そのものだからです。

私は中学生のときに硬式テニスを始めました。始めたばかりの頃は当然、思うようにプレーできません。上達するために「ああしよう」「こうしよう」と自分にあれこれ言い聞かせて練習するのですが、全然うまくいきません。

そこで、考えたのが言葉にして書くことです。まず、「ラケットを早く引く」「ヒザをしっかり曲げて」「手首は捏ねず、まっすぐに」など、プレー中に意識すべきポイントを3つに絞って紙に書き出し、ラケットにセロテープで貼り付けます。そして練習や試合では、ことあるたびにそれを見るようにしたのです。

文字にしたことで克服すべき点が明確になり、プレーも徐々に上達していきました。

3章では、SNSやメールへの不用意なメッセージ送信を防ぐために、送信ボタンを押す前の「本当に、本当にこれで大丈夫か?」の自問が不可欠だとも申し上げました。

これにしても、問いを脳内再生するだけでなく、文字にして書き出すことで感情任せの軽率な送信の抑止効果は格段にアップするはずです。

方法もいたって簡単。大きい付箋にデカデカと「本当に、本当に、それを送って大丈夫？」と書いてパソコンに貼るだけでOKです。

パソコンからメッセージを送信しようとすると、否応なく問いが目に入ってくる。すると自然に「そうだ、一度見直さなきゃ」となる。

これだけでも自分の行動炎上や誤爆（誤送信）、本意ではないボタンの掛け違いといったSNSやメールでのトラブルの多くを、水際で食い止めることができます。

さらにそれを続けていると、次第に「付箋を見る」というプロセスを飛び越えて、送信する前には一度自問し、確認するようになっていきます。こうなれば、その自問は習慣になったと言えるでしょう。

ネガティブ感情も、書いて可視化して自問する

ストレスが溜まってイライラしているときに心を穏やかに鎮めるときも、その原因

を紙に書き出すといいと言われています。

「何の説明もなく一方的に取引を打ち切るなんて理不尽」
「部署のすべてのしわ寄せは、いつも現場の自分たちにくる」
「新人が屁理屈ばっかりいってまともに仕事をしない」

というように、心のなかの苛立ちや屈託を、キーワードだけでも文字にしてみる。するとと目に見えていなかった自分の感情が「可視化」されて、目に見えるものになります。

次に書き出した言葉（自分の感情）から、「なぜ、このことにこんなにイライラしているのか」を自問自答してみましょう。

「本来、事前に説明があってしかるべきだから」

「上の人たちが現場の大変さをまったく理解していないから」
「仕事も覚えていないのに、口だけは達者だから」

こうした自問の段階で、すでに少し冷静に状況を捉えられるようになってきます。これだけでも感情と理性のバランスが正常化されて、胸の内のストレスも軽減するでしょう。

これは例えるなら倉庫（自分の心）に抱え込んでしまった不良在庫（ネガティブ感情）を整理し、書き出して集計するようなもの。そこで私は、このアプローチを「感情の棚卸《たなおろ》し」と名付けています。

たしかに在庫をチェックするだけでは、倉庫は整理されません。しかし、棚卸しをして不良在庫の実態がわかれば、取るべき方法も見えてきます。

同様に、感情を書き出すだけでイライラの元凶が消滅するわけではありません。でも、その行為に「なぜイライラしているのだろう」という自問をつなげることで、抱えているネガティブ感情と理性的に向き合うきっかけには十分になり得るのです。

ネガティブな思いに心がザワついたら、ぜひ「書き出し&自問」で「感情の棚卸し」をしてみてください。

「無心に書き写す時間」がもたらす自分との対話

近年、「写経」が静かなブームになっているそうです。写経とは、その名のとおり般若心経などの仏教の経典（お経）を書き写すという仏教の修行のひとつです。

筆を持った手の動きを巧みにコントロールし、文字の形や書き順を意識して間違えないようにていねいに書く——。お経の文字をそのとおりに書き写すことはとても単純な作業に思えますが、実は高い集中力が必要とされる行為なのです。

だからこそ深く没入できるし、外の世界をシャットアウトして自分と向き合うことも可能になります。

たしかに最初のうちは「あの上から目線のもの言い、ホント、腹が立つ」「提出した企画書、大丈夫だったかな」「なかなか仕事の成果が出ない。何やってるんだろう」――。いろいろな雑念が次々に浮かんでくるかもしれません。

でも、一心不乱にお経の文字を書き写していると、そうした雑念や邪念がスーッと消えて、心が落ち着いてきます。そして、外にばかり向いていた心のベクトルが、次第に自分の内側に向いてきます。先のような雑念も、

「人の振り見てってやつだ。オレも言い方には注意しよう」

「返事が来てから考えればいいこと。今不安になっても意味がない」

「できることを精一杯やるしかないよな」

というように「自分との対話＝自問自答」へと変わっていくでしょう。

「無我の境地」にまで到達できずとも、外の世界に起因する心のざわつきから解放され、心を整えて、自分自身と向き合う。

自問するための時間としての写経、チャレンジしてみることをおすすめします。

写経のいいところは「すでにあるお手本を書き写すだけ」だということです。

日記や作文のように自分でゼロから考えて書こうとすると、どうしても「何を書くか」ばかりに意識が向き、その分、雑念も生まれやすくなります。

その点、写経は何を書くか考える必要がありません。ただひたすら書き写せばいい。だから頭が空っぽになって「字を書く行為」だけに集中できるのです。


写経はちょっと敷居が高いという場合、「名文」もお手本となります。

例えば『歎異抄』を順に一条ずつとか。松尾芭蕉の『おくのほそ道』の俳句を旅程順に一句ずつとか。夏目漱石や川端康成などの名作を少しずつとか。

ノートでなくても、チラシの裏でもミスコピー用紙でも構いません。写経のように筆を使う必要もありません

イライラ、ムカムカと感情がザワついたり、心に屈託があるときは、こうした名文

をスマホで探して、そのさわりの部分だけでも書き写してみましょう。不思議と気持ちが整って波立った心が静まってきます。ぜひお試しあれ。

本を読むという自問——他人の作品と自分をリンクさせる

自問力を育成するためのアプローチとして外せないのが読書です。

本は作家という「他者」が思考を巡らせて書いたもの。読書とは、他者の思考を手掛かりにして自分自身の思考を深め、精神を高めていく行為だと、私は考えています。その作品世界に深く入り込み、自分が向き合っている現実を重ね合わせて相対化する（比較して現実の意味を把握する）。読書がもたらすこうした深遠な思考こそ「自分自身と向き合う自問」にほかならないからです。

例えば、太宰治の小説にイエス・キリストを銀貨30枚でローマの役人に売り渡した使徒ユダの思いを、ユダの告白スタイルで書いた『駈込《かけ》み訴え』という作品があります。

裏切者として悪名高いユダですが、実はユダはイエスが大好きだったのです。好きだからこそ、自分のことを認めてもらいたい。でもイエスは自分を認めてくれない。そうした葛藤はやがて憎しみに変わっていく――。

この作品を読むと「ユダの裏切りはただの憎しみではなく、イエスに対する承認欲求の爆発なのではないか？」という解釈もできるようになります。

こうしたユダの心情を現実になぞらえ、自分に置き換えてみましょう。すると、

「深く愛している人に認められない――。もし自分ならどう思うだろう？　もし自分ならどんな行動を取るだろう？」

「自分にもこうした承認欲求があるのだろうか？」

といった自問も生まれてきます。

自問を習慣化するために、ぜひ手元に置いて何度も読み返したい〝理想の教科書〟のひとつが『論語』です。

例えば、「人の己を知らざることを患《うれ》えず、人を知らざることを患う」という言葉があります。「他者が自分を理解してくれないことを悩むのではなく、自分が他者を理解していないことを心配しなさい」という意味です。

自分の努力や成功が思うほど評価されずにがっかりする。「どうして認めてくれないんだ」「もっと評価されてしかるべきだろう」とイライラする。ときには理解してくれない周囲の人を恨みに思ってしまう。でも、その前に、

「いや、自分はどうなのか？　自分は誰かの努力や成功を正当に評価してきただろうか」

と自分自身に問いかけてみるのです。

すると「評価されない原因は自分にあるのではないか」「人を評価せず、自分だけ

評価しろは虫のいい話だよな」と自省できるかもしれません。そうすれば以降の自分の行動が変わってくるかもしれません。

孔子の言葉に自分の実体験を重ねて、人生の気づきを得たという人は大勢います。今もなお『論語』が熱い支持を受けているのは、孔子の言葉が、読む者に「自分の言動や立ち振る舞い、自分の生き方には、人としての道理や意義があるのか」という自問を促してくれるからなのです。

小説にせよ古典にせよ、偉大なる他者が書いた作品を読み、その世界と自分をリンクさせて自分と向き合う。それが自分をより深く知る糸口になる。これも読書の醍醐味です。

歌詞の世界に浸ることも、自問のきっかけになる

他者の思考を手掛かりにして自分の思考を深めるためには、読書だけでなく自分の

大好きな歌の「歌詞」を読み解いてみるのもおすすめです。

お気に入りの歌でも、メロディありきではなく、その歌詞だけにじっくり向き合う機会は意外に少ないのではないでしょうか。

Ｊ－ＰＯＰや歌謡曲の歌詞は、小説以上に「現実世界と照らし合わせやすい他者の言葉」とも言えます。

小説は、たとえ実話を基にしている作品でも非現実的な設定になりがちです。一方、フィクションであってもよりリアルな世界で表現されている歌詞には、作品世界に没頭しやすいというメリットがあるのです。

30歳前後、私のカラオケの十八番は浜田省吾さんの『ＭＯＮＥＹ』という曲でした。

その頃の私は、大学を卒業したはいいけれど無職で収入がなく、官僚や大手企業に就職した東大時代の同級生と自分を比べては落ち込む日々を過ごしていました。

そのときに聴いた『ＭＯＮＥＹ』の、

いつか金持ち連中の足元に〝BIG MONEY〟を叩きつけて見返してやる――。

といった内容の歌詞に大きな共感を抱いたのです。

カラオケで歌うときは、曲のエンディングで札束を叩きつけるポーズをしながら「マネー!」とシャウトする。そうやって鬱屈していた心を解放したものです。『MONEY』の歌詞の世界に浸っていると、歌詞のなかの主人公と現実の自分がシンクロして、

「いつまでも腐っていていいのか」「いや、いつかはオレだって」

と自分で自分自身を鼓舞しているような気持ちになったものです。思えば、これも歌詞の力を借りた自問自答だったのでしょう。

みなさんもお気に入りの歌の歌詞をメロディなしでじっくり読み、自分の心情や思

い出、経験などを重ねて、その世界にどっぷり浸ってみてください。綴られた言葉の背景を思いながら書き写すのもいいでしょう。

歌詞の世界を読み解き、自分を重ね合わせて思考することは、そこに投影された自分との対話でもあるのです。

「おや？」の感覚を自問する――違和感センサーを研ぎ澄ます

自問力を身につけようとするとき大切にしたいのが、直感的に湧いてくる「何か変じゃない？」「何かが違う感じ」「どことなく不自然」「どうもしっくりこない」という感覚、言うならば「違和感」です。

最初に「おや、何か変だな」「あれ？」という違和感を覚えたのに、「まあ大丈夫だろう」「気のせいだろう」とスルーしてやってみたけれど、結果、やはり失敗した――多くの人に思い当たる節があると思います。

そしてそのとき、誰もが「あのとき『おや?』と感じていたんだけど」「何か違う気はしていたのに」と後悔の念を抱いたはず。

しかし、日常で覚える「何か引っかかるような違和感」は、とても些細なもの。「あれ?」「おや?」となったその瞬間に意識を向けなければ、サーッと無意識の彼方に消え去ってしまうでしょう。

出所や目的が怪しい情報で溢れかえり、何を信じればいいのかわかりにくい現代社会では、わずかな違和感を敏感に逃さずに感じ取る「違和感センサー」(私が名付けました)を研ぎ澄ますことがとても重要になります。

そして、センサーに引っかかった違和感に対して「この感覚って何だ?」「この感じはどこから来るのだろう?」と自問することが、さまざまなリスクの回避に不可欠なのです。

違和感を敏感に察知する「違和感センサー」は本来、誰もが持っている人間の本能的な能力であり、決して特殊なものではありません。ただ、日々働かせているか、日々磨いているかでセンサーの感度には個人差があるのです。

そもそも私が違和感センサーという概念を重要視するようになったのは、みすみす大金を奪われる被害が後を絶たないオレオレ詐欺から身を守るために、何よりも重要なのが「最初の違和感」への意識だと考えたからです。

オレオレ詐欺に騙された人の半分は、電話に出たときに一瞬、「声が違う気がする」「口調が違う」など、「ん？　何かおかしい」と感じていたといいます。つまり、その時点では「違和感センサー」が正常に反応していたのです。

しかし相手の巧妙な手口によって最初の違和感が打ち消され、結果的に相手の言うことを信用して詐欺に引っかかってしまった――。こうしたケースが少なくないのだと。

逆に言えば、最初の「ん？」という違和感を覚えたときに「詐欺じゃないのか？」「信用して大丈夫か？」と自問できれば、被害に遭わずに済んだ人も多かっただろうことは想像に難くありません。

自分のなかの違和感センサーを磨き、働かせ、その感覚を信じる。そして感じた違和感をもとに自問する。そうすることが詐欺犯罪を防ぐための重要な対策になるのです。

普段の生活のなかにも、違和感センサーを働かせるべき場面はたくさんあります。例えば、ネットでのショッピングで参考にしている購入者のレビュー。発売直後の商品なのに、すでに「☆5つ」の最高評価と絶賛コメントだけがズラリ並んでいる商品があったとして、それを見て、

「全員が全員『☆5つ』でほめちぎっているって、何だか引っかかるな」

「ひょっとして〝サクラ(偽客)〟なんじゃないか」

「マユツバなんじゃないか、真《ま》に受けていいのか」

と思えるか。

例えば、不動産屋で「すごく好条件で、驚くほど家賃が安い」物件を紹介されたとき、「掘り出しものだ、ラッキー！」と手放しで喜ぶのではなく、

「何か変じゃない？」

「理由がなければ、こんなに安いはずがない」

と思えるか。


例えば、仕事でチェックした帳簿で「先月と今月の数字が極端に違っていた」とき、まったく気にせずにスルーせず、「この数字、何かおかしい」と思えるか。

こうした直感的な「引っかかる」感覚＝違和感をすくい取って正しく疑う習慣が、思わぬトラブルを防ぐ〝盾〟になります。

「違和感からの自問」でハラスメントを抑止する

パワハラ、セクハラ、モラハラ、マタハラ――。こうしたハラスメントは今や、毎日のニュースで話題に上らない日はないほどの社会問題になっています。

ハラスメント問題が抱えている大きな難点のひとつに、「どこからがハラスメントかの線引き」があります。

慰労のつもりで「お疲れさん」と女性の肩を叩いたら、それは「セクハラ」なのか。

上司がやる気のない部下をキツめの口調で叱ったら、もう「パワハラ」なのか。

夫が妻に「今日はおかずが少ないね」と言ったら、それで「モラハラ」なのか。

こうした線引きについては、言う側の意図がどうこうではなく「言われた側がハラスメントだと感じるか、感じないか」が基準という考え方が主流になっています。

ですから、時代感覚に鈍感だったり、言葉の選択や言葉遣いを間違えると、悪気なく言ったことでも「それ、ハラスメントです」となる可能性は十分にあるということです。

「相手の主観次第と言われたら、仕事の指導やフランクな会話なんて、怖くてできない」と悩んでしまう人もいるでしょう。でもそうやって口を閉ざしてしまうと、今度は本当に必要なコミュニケーションまでが成立しなくなってしまいます。

黙っていたいけれど、黙ってもいられない。でもハラスメント発言はしたくない。こうした難題を抱えながら「安全なコミュニケーション」を図るにはどうすればいいのか。

ここで重要になるのが、先に述べた「違和感センサー」だと私は考えています。なぜなら「意図していないハラスメント」を回避するには、相手のリアクションや表情、態度などに現れる違和感を読み取れるかどうかが重要になるからです。

面と向かって直接「ハラスメントですよ」と言ってはこなくても、心のなかではそう思っている。嫌だと思っている。不快感を覚えている。そういう場合、相手に何かしらの変化が現れることがあります。

一瞬、表情がこわばったり、顔色が変わったり、笑顔が消えたり、体がわずかにビクッとしたり、ふっと顔を背けたり、話題を変えようとしたり――。自分の発した言葉を受けて相手にいつもと違う様子がうかがえたとき、それを違和感として察知できるか。

察知できれば「この話はやめよう」と話題を変えるなど修正が効きます。そうすればハラスメント発言のリスクをギリギリで回避できるでしょう。

また、相手の様子だけでなく「場の空気の温度」の変化に敏感になることも、ハラスメントの線引きを踏み越えないためのリスクマネジメントになります。

例えば飲み会で、ジョークのつもりで若い頃の武勇伝を話したら、それまで暖まっていた場の空気が一瞬〝冷えた〟感じがした。場の熱量が下がったように思えた――。

この温度変化に鈍感で気づかないか、違和感として察知して「マズい話したかも？」と自問できるか。ここでハラスメントとそうでない発言の一線を越えてしまうか、踏みとどまれるかが違ってくるでしょう。

「違和感センサー」と、それに連動する「場の温感センサー」を常に働かせることは、「自分はどうするべきか」という自問を習慣化することでもあります。現代社会を安全運転で走り抜くために、これらの感覚を研ぎ澄ましておきましょう。

バイアス（思い込み）による弊害は、自問で振り払う

違和感センサーを鈍らせ、自問や自制を邪魔するものに「認知バイアス」があります。

認知バイアスとは、簡単に言えば、無意識に生じる「先入観や偏見、思い込み」のこと。認知バイアスには、

・異変を、自分には危険が及ばない正常範囲のことと捉える「正常性バイアス」
・自分に都合のいい情報だけを集め、そうでない情報を無視する「確証バイアス」
・集団のなかにいるとつい周囲と同じ行動をとってしまう「同調性バイアス」

など、さまざまな種類があります。

思考や感情にこうした認知バイアスがかかると、人は論理的でない、不合理な判断や選択をしがちになります。

そんな認知バイアスの働きを抑制して思考の偏りを矯正するには、無意識の思考傾向に抗って「自問し、深く考える」ことが求められるのです。

例えば、オレオレ詐欺の電話に対して「自分にはそんな電話こないから大丈夫」と高をくっていて、結果、被害に遭ってしまう（正常性バイアス）。

好きになったら相手のいいところしか見えなくなり、相手に裏切られても「でも、この人はきっといい人」と妄信してしまう（確証バイアス）。

人が大勢いる場所で火災警報器が鳴っても、周囲の人たちが避難しなければ「自分もしなくていいだろう」と思い込む（同調性バイアス）。

こうしたときにそれぞれ、

「いやいや『自分だけは大丈夫』なんてことがあるのか？　なぜそう思えるんだ？」
「この人は本当にいい人なのか？　欠点が見えなくなってはいないか？」
「本当に何事もないのか？　このまま避難しなくて大丈夫なのか？」

という自問さえすれば、バイアスを振り払うことができ、トラブルに巻き込まれるリスクは大きく低減するでしょう。

認知バイアスによる弊害を回避するための最適解は、「自分はなぜそう考えてしまうのか」「何を根拠にそう思っているのか」と自問自答して、自分の今の思考を疑う習慣をつけることなのです。

今、それは適切か、不適切か

現代にタイムスリップしてきた〝昭和の中年オヤジ〟の「ザ・昭和」な言動が、令和のコンプライアンス偏重社会に一石を投じる——。

2024年、阿部サダヲさんが主演を務めたドラマ『不適切にもほどがある！』が大きな話題になったことは、まだ記憶に新しいと思います。

タイトルの略称「ふてほど」は同年の流行語大賞も受賞しましたが、「昭和の適切は令和の不適切」的ニュアンスを込めたこのタイトルは非常に秀逸だったと思っています。

ドラマを観ながら「わかる、わかる」と膝を打っていた大人世代。「昔ってあんなだったの？　信じられない」と驚愕していた若い世代。感じ方はさまざまだったと思います。

ひとつ確実に言えるのは、今の世の中、あらゆることについての「適切か、不適切か」の基準は、以前とは大きく変わってきているということ。そして今も刻一刻とリアルタイムで変わり続けているということです。

自問力、自問する習慣とは、こうした時代を安全に生き抜くための土台となるスキルだと私は考えています。

今、この時代における常識とは何だろう？

今、この時代における自分の言動は適切なのか？　不適切ではなかろうか？

こうした自分への問いかけは、大人や年配世代だけでなく、若い世代にとっても不可欠な時代へのアプローチです。

流動的で不確定な時代のなかで、自分の価値観や常識感覚を「今」の社会のそれと照らし合わせてみる。そして、常に自分の感覚をアップデートしていく。それは時代に迎合するのではなく、時代を観察するということです。

自問する習慣とは、その時代に生きる当事者という自覚を持ち、価値観の境目、適切と不適切のラインを意識しながら、よりよく生きるための習慣なのです。

すべての思考は「問い」から始まる

ある雑誌の企画で、小惑星探査機「はやぶさ」のプロジェクトマネージャーを務めた宇宙工学者の川口淳一郎先生と、アンドロイド研究開発の第一人者・石黒浩さんと私の3人で鼎談《ていだん》をさせていただいたことがあります。

そのときに川口先生が「自分がいちばん大事にしているノートは『問い』でできている」というお話をされました。

そのノートには、日々の研究のなかで発見した疑問が「？」の問いの形で書かれているのだそうです。

先生いわく、そのノートの内容がNASAに知られたら終わり。そこに書かれている問いをNASAの資金力で研究されたら大変なことになると。

「問いを書き綴ったノートはそれほどに大切なもので、研究者にとっての命」という先生の言葉に、大いに感銘を受けたことを覚えています。

問いかけること。それがすべての思考の始まりであり、思考のすべてなのです。

問いを立てることが、新たな思考を生み出していく。問いを立てることが、難題を突破するための起爆剤になる。

不思議なもので、人は「？マーク」を見ると、なぜかその先を考えたくなるもの。

それは、そこにある問いが「思考のスイッチをオンにする」からではないでしょうか。

「わからないことがあって、それに触れていられることがいちばん楽しい」というのは先の川口先生の言葉です。

「なぜだろう」「どういうことだろう」の自問こそ、知的生産力の源なのです。

自問してこそ、人

「人間は考える葦である」と言ったのはフランスの思想家パスカルですが、その表現を借りるなら、

「人間はひとくきの葦にすぎず、自然のなかで最も弱いものである。だが、それは『自問し、思考し、自制する葦』である」とも言えるのではないでしょうか。

立ち止まって考えてみる。自分は何をしたいのか。どうすれば上手くできるのか。もっとほかに方法はないか。

立ち止まって考えてみる。時代の価値観と乖離してはいないか。誰かを傷つけたり、不快にさせたりしないか。

言われたことを漠然とこなすだけだったり、創意工夫をあきらめたりせず、自分に問いかけて、より深く思考を巡らせる。

感情のままに怒りを爆発させたり、周囲を無視して好き勝手に振舞ったりせず、自分に問いかけて、理性的に行動する。

自分に向き合い、自分と対話し、自分を客観視する。これができるのは、およそ人間だけ。そう考えれば、私たちは「自問してこそ人」だと心得るべきなのです。

現在進行形で、進んでいくだけでなく、一度、立ち止まって自分に問いかけてみる。

「何だか焦り過ぎていないか？」と問えば、「少し落ち着かなきゃな」と思う。

「少しカッカし過ぎてないか？」と問えば、「ああ、冷静にならなきゃ」と思う。

「本当に最後まで確認したか？」と問えば、「もう一度、見ておこう」と思う。
「本当は何がやりたいんだ？」と問えば、「本当はこれがしたかったんだ」と思う。

自問することを意識するだけで、行動が変わります。変えることができるのです。
自問という、もうひとりの自分と相対して行う「自分会議」の存在は、いついかなるときでも、その人の大きな心の拠りどころになってくれるはずです。

本書が、みなさんの「内なる自分との対話」を深めるための一助となれば幸いです。

２０２５年４月　　齋藤　孝

[著者プロフィール]

齋藤 孝（さいとう・たかし）

1960年静岡生まれ。明治大学文学部教授。東京大学法学部卒。同大学院教育学研究科博士課程を経て現職。専門は教育学・身体論・コミュニケーション論。中高教員の養成に従事。『身体感覚を取り戻す』（NHK出版）で新潮学芸賞受賞。毎日出版文化賞特別賞を受賞した『声に出して読みたい日本語』（草思社）はシリーズ260万部のベストセラーとなった。著書に『理想の国語教科書』（文藝春秋）、『質問力』（筑摩書房）、『雑談力が上がる話し方』（ダイヤモンド社）、『大人の語彙力ノート』（SBクリエイティブ）、『情報活用のうまい人がやっている3色ボールペンの使い方』（フォレスト出版）、『呼吸がすべてを整える』『話がうまい人の頭の中』（リベラル社）など多数。テレビ番組への出演も多く、日本テレビ「ZIP!」、NHK Eテレ「にほんごであそぼ」の総合指導にも携わっている。

装丁デザイン	大前浩之（オオマエデザイン）
装丁イラスト	蓑島亜由美（オオマエデザイン）
本文デザイン・DTP	尾本卓弥（リベラル社）
編集協力	柳沢敬法
撮影	長谷川博一
校正	合田真子
編集人	安永敏史（リベラル社）
編集	安永敏史（リベラル社）
営業	津村卓（リベラル社）
広報マネジメント	伊藤光恵（リベラル社）
制作・営業コーディネーター	仲野進（リベラル社）

編集部　中村彩・木田秀和・濱口桃花
営業部　川浪光治・澤順二・津田滋春・廣田修・青木ちはる・竹本健志・持丸孝

リベラル新書 011

本質をつかみ深く考える力が身につく

自分に問うということ。

2025年4月24日　初版発行

著　者　齋藤　孝
発行者　隅田　直樹
発行所　株式会社 リベラル社
〒460-0008　名古屋市中区栄3-7-9　新鏡栄ビル8F
TEL 052-261-9101　FAX 052-261-9134
http://liberalsya.com
発　売　株式会社 星雲社（共同出版社・流通責任出版社）
〒112-0005　東京都文京区水道1-3-30
TEL 03-3868-3275
印刷・製本所　中央精版印刷株式会社

 ISBN978-4-434-35556-1　C0295